おとな かわいい

お花の切り紙
スタイルブック

監修・一般社団法人 日本ペーパーアート協会®

Contents

はじめに ・・・・・・・・・・・・・・・・・・・・・・ 4

Part.1
ペーパーデコレーションの基本レッスン

基本の道具 ・・・・・・・・・・・・・・・・・・・・ 6
基本の材料 ・・・・・・・・・・・・・・・・・・・・ 7
基本テクニック
   紙を切る、折る、貼る ・・・・・・・・・・ 8
   お花の作り方 ・・・・・・・・・・・・・・・・ 10
   クイリングを取り入れる ・・・・・・・・ 12
   その他のテクニック ・・・・・・・・・・・ 13
Q&A ・・・・・・・・・・・・・・・・・・・・・・・・ 14

Part.2
大切な人にスプリングフラワー

フラワークリップ ・・・・・・・・・・・・・・ 16
春のお花のカード ・・・・・・・・・・・・・・ 18
スイセンとカラフルイースターエッグ ・・ 22
母の日に贈るカーネーションのカード ・・ 26
アネモネガーランド ・・・・・・・・・・・・ 28
シャクヤクのフレームアレンジメント ・・ 30
お花で飾るお祝いの袋 ・・・・・・・・・・ 32
バラのウェディングケーキ ・・・・・・・・ 34

Part.3
特別な日のサマーフラワー

父の日に贈るフラワーボックス・・・・・・・38
夏色のフラワーフォトフレーム・・・・・・・42
ブーゲンビリアとプルメリアのスイーツカップ・46
ヒマワリで飾る夏の思い出コラージュ・・・・48

Part.4
秘密の森のオータムフラワー

ダリアのコサージュ・・・・・・・・・・・52
秋色フラワーバスケット・・・・・・・・・54
ハロウィンの飾り・・・・・・・・・・・・58
ハロウィンのフラワーカード・・・・・・・62
コスモスとキキョウのメッセージ入り壁掛け・64

Part.5
ときめく夢のウインターフラワー

ポインセチアのクリスマスカード・・・・・68
クリスマスの壁掛け・・・・・・・・・・・70
お正月飾り・・・・・・・・・・・・・・・74
ミニバラのバレンタインカードフレーム・・78
フラワースイーツボックス・・・・・・・・80
冬のリース・・・・・・・・・・・・・・・84

型紙・・・・・・・・・・・・・・・・・・88
文字プレート用の文字・・・・・・・・・・94
おわりに・・・・・・・・・・・・・・・・95

はじめに

「出来た！！」少し難しいことが出来た時の喜び。

紙工作と聞くと、飛行機や恐竜など男の子っぽいものを想像してしまいますが、男女問わずキュンキュンするものが実はたくさん作れます。

日本ペーパーアート協会では、紙を使ったクラフトワークに作品の仕上がりを楽しむことと共に、プロセス時のセラピー、癒しの効果、脳活性化力UPも大切にしています。小さな作品でも完成させると大きな喜びにあふれます。積み重なっていくと自信に満ち笑顔の毎日を過ごすことができる。この本では、世界中多くの場所で手に入る「紙」と「はさみ」と「のり」を使って写真通りの立体紙工作ができるノウハウがいっぱいです。

幸いにも今の日本にはたくさんの情報とモノが満ち溢れています。そしてそんな時代だからこそ季節に合わせて、行事・イベントなどのあらゆるシーンに大切な人に気持ちを伝える手段として、誰もがかんたんに出来るクラフトワークが求められていると思います。1枚の平面の紙を「想いを伝える立体紙工作」として作り上げる喜びは、そのプロセスにおいても、また仕上がった時にも、作り手はもちろん受け取る側にも笑顔とともに大きな喜びになっていきます。

本書では、これから立体紙工作をしてみようという方に向けて、写真通りの作品が仕上がるように基本から解説しております。また、経験のある方には様々なシーンで使っていただけるようアレンジの方法や応用作品も載せてあります。今回はお花の切り紙をメインとしておりますが、大人かわいい癒しの脳活性化力UPの立体紙工作として「ペーパーデコレーション」がこの本を通じて少しでも多くの方々に触れていただける機会となればうれしいです。

また、もう少し本格的にお勉強したいと思われたなら、ぜひお近くの「クラフトワークセラピスト®」「ペーパーデコレーション講師」と一緒に作品作りをお楽しみください。

一般社団法人 日本ペーパーアート協会®
代表理事　くりはら まみ

Part.1

ペーパーデコレーションの基本レッスン
Basic Lesson

基本の道具

作品づくりを楽しむための道具をご紹介します。

紙を切る道具
- カッターマット
- カッター
- 定規
- ハサミ
- クラフト用のハサミ

型紙や作品用の紙を切るには、ハサミを使います。お手持ちのハサミもお使いになれますが、クラフト用の先のとがったハサミがあると、細かい作業をする時に便利です。また、カードを作る際など紙をまっすぐに切る場合は、カッターを使うときれいに切れるのでオススメです。

紙を貼る道具
- 紙用ボンド
- テープ糊
- グルーガン
- 手芸用ボンド
- 両面テープ

ノズルの部分が細く、乾くと透明になるボンドがあると便利です。平面の紙を凸凹を作らず貼り合わせるには、両面テープやテープ糊があるとよいでしょう。また、グルーガンがあれば、凸凹したものやプラスチックなどにも簡単に貼り付けることができます。

紙にカーブやエンボス、折り目をつける道具
- 丸箸
- 竹串
- エンボス専用マット
- 目打ち
- フェルト製マット
- ヘラ
- 鉄筆

本書では、紙にカーブをつけるために、主に丸箸や目打ちを使用しています。また、花びらや葉に脈をつけると、より本物らしくなるのでオススメです。専用のマットやフェルト製のマットなどの上で、竹串や鉄筆などを使って脈を書いていきます。鉄筆や竹串は紙に折り目をつける際にも使用します。厚紙に折り目をしっかりつける際には、ヘラもあると便利です。

その他の道具
- 穴あけパンチ
- ピンセット
- 色鉛筆
- 油性ペン
- 鉛筆
- ホチキス

型紙を写すための鉛筆はもちろん、花びらに陰影をつけるための色鉛筆も一式揃えておきましょう。油性ペンでパールに色づけすることもあります。また、クイリングで花芯を作る際には先のまっすぐなピンセットを使います。その他に本書では、穴あけパンチやホチキスも使用しています。

※本書の中で使用する道具をできるだけ多くご紹介するよう努めてはおりますが、すべてではありませんので、作品を作る際には説明ページをご確認ください。

基本の材料

基本的には紙があれば作品を作ることができますが、リボンやパールなどを組み合わせれば、見た目がより華やかになります。また、市販のフレームやリースにお花を貼り付ければ、手軽に豪華な作品を作ることができます。

紙

基本的にはどんな紙でもご使用いただけますが、カードや箱作りにはしっかりとした厚紙がオススメです。本書では、文房具店や100円ショップでも買える色画用紙やケント紙、折り紙などの他に、専門店のタント紙やマーメイド紙、パターンペーパーなども使用しています。

なお、紙の色は、同じ赤でもたくさんの種類がありますので、作り方ページの材料に色名は記載しておりません。完成作品を参考に、お好みの紙をお探しください。

※紙の購入先に関しては、P.14「Q&A」でも取り上げています。

パールやリボンなど

糊で貼り付けるだけでかわいらしい花芯に早変わりしてしまう半パールやラインストーン。便利な上に華やかになるので、本書でも多用しています。手芸店やビーズ専門店にあるほか、100円ショップでも様々な種類が売られています。リボンや毛糸もお気に入りの色を揃えておくとよいでしょう。

フレームやリースなど

お花を作って貼り付けるだけで、手軽に素敵な作品ができてしまうフレームやリース。プレゼント用にもぴったりです。フレームは、木製のものに、アクリル絵の具などで着色してもよいでしょう。本書では、木製クリップを使った作品もご紹介しています（P.17）。

※作品を作るための材料は上記以外もございますので、それぞれの作品の説明ページをご確認ください。

基本テクニック
紙を切る、折る、貼る

紙に型紙を写して切る（型紙は本書のP88～93に掲載）

型紙はコピーして使用するのがオススメ。自宅のプリンターを使う場合は、厚手のコピー用紙かケント紙のような厚めの紙にコピーすると、繰り返し使うことができる。

❶ 型紙をコピーする

型紙は本書のP.88～93に掲載している。それぞれの作り方のページに、使用する型紙のページ数が書いてあるので、必要なページをコピーする。

❷ 線に合わせて切る

コピーした型紙の線上をハサミで切る。作品用の紙を切る時は、少しぐらいずれてしまってもよいが、型紙を切る時はできるだけ丁寧に。

❸ 鉛筆で写す

型紙を作品用の紙に鉛筆などで写す。裏表がある紙を使用する場合は、紙の裏面に写したほうが、仕上がりがキレイ。色の濃い紙に写す場合は、白い色鉛筆などを使う。

❹ 線の内側を切る

線上、または線より少し内側を切る。少しぐらい線からずれても、カーブをつけると目立たなくなるので、あまり神経質にならなくても大丈夫。

❺ 線を消す

1つの花の花びらを、外巻きにしたり内巻きにしたりすることがあるので、鉛筆の線が気になるようなら消しゴムで消す。強くこすると紙が切れてしまうので注意。

Point
型紙を切るのに少し慣れてきたら、紙を四つ折りや二つ折りにしてまとめて切ると作業効率がよい。また、クリップやホチキスで何枚かまとめて切ってもよい。

紙をまっすぐに切る

紙を正確にまっすぐ切りたい時は、カッターを使用するとよい。細かい方眼の入ったカッターマットがあれば、カードの台紙などを簡単に作ることができる。

❶ 方眼に合わせる

方眼の入ったカッターマットに紙をのせ、左上角の縦横を方眼の線に合わせる。

❷ 定規をあてる
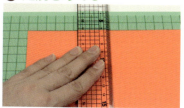
切りたい幅に定規をあてる。

❸ カッターは上から押さえる

カッターの持ち方は、親指と人差し指、中指を使って、カッターを上から押さえるようにする。

❹ **カッターと定規は垂直**

カッターを定規に垂直にあてて切る。

Point
カッターの刃の切れ味が悪くなると、切り口が毛羽立ってしまうので、まめに刃を折って切れ味をよくする。手を傷つけないよう気をつける。

Point
方眼の入ったカッターマットがない場合は、紙に定規で線を引いてから固い敷物の上でカットする。

紙を折る

折りたい線にあらかじめ筋を入れておけば、簡単かつキレイに紙を折ることができる。

❶ **厚さに合わせて道具を選ぶ**

薄い紙の場合は、折り紙を折る要領で直接折り曲げてもよいが、厚紙の場合は、鉄筆や竹串、ヘラなどで筋をつけてから折ると、キレイに仕上がる。

❷ **方眼の線に合わせる**

左上角の縦横を方眼の線に合わせる。筋をつけた側が山折りになる。

❸ **折る部分に筋をつける**

折りたいところに定規をあて、鉄筆や竹串、ヘラなどを使って筋をつける。力を入れすぎると紙が破れてしまうので注意。

❹ **山折りにする**

筋をつけたほうを山折りにする。

❺ **折り目をしっかりつける**

特に厚い紙の場合は、折り目をヘラなどでなぞって、しっかり折る。

Point
筋をつける道具に特に決まりはないので、竹串や目打ちなどでもOK。竹串を使用する場合は、串が折れないよう、下のほうを持つ。

紙を貼り合わせる

接着剤には様々な種類があるので、用途別に使い分けるとよい。

チューブタイプの接着剤

紙用の、乾くと透明になるタイプがベスト。ノズルが細いほうが使いやすい。立体の花を作る時にはこのタイプを使用。

両面テープ、テープ糊

平面の紙を貼り合わせる時など、表面に凹凸ができないようにしたい場合に便利。両面テープは、紙から少しはみ出すように貼って、紙の端にそってカット。テープ糊は、紙に対して45度の角度で引くと、キレイに貼れる。

グルーガン

専用の器具でスティック状の樹脂を溶かし、接着剤としている。紙同士を貼り合わせるのはもちろん、紙を木やプラスチックなど、糊ではつきにくいものに貼る時に威力を発揮。器具の一部や樹脂が高温になるので、やけどに注意。

Part.1 ペーパーデコレーションの基本レッスン

基本テクニック

お花の作り方

花びらにカーブをつける

　花びらにカーブをつける時は、丸箸や目打ち、またはそれと似た形状のものを使う。小さな花びらの場合は、竹串などの細いものを使ってもよい。目打ちは先が細く、だんだんと太くなっているので、小さな花びらから大きな花びらまで対応できる。金属製なのですべりもよく使いやすいが、先がとがっているので、怪我のないよう注意が必要。本書では初心者の方向けに丸箸を使って説明していく。

外巻き

❶ 花びらを立てる　　**❷ 付け根の外側に丸箸をあてる**　　**❸ 円弧状に丸箸をすべらせる**

花びらの付け根部分を折って、花びらを立てる。

花びらの付け根の外側に丸箸をあてる（親指と丸箸で紙を挟む）。

軽くひっぱりながら、外側に円弧状に丸箸をすべらせる。その際、手首を回しながら巻いていくとよい。

内巻き

❶ 花びらを立てる　　**❷ 付け根の内側に丸箸をあてる**　　**❸ 円弧状に丸箸をすべらせる**

花びらの付け根部分を折って、花びらを立てる。

花びらの付け根の内側に丸箸をあてる（人差し指と丸箸で紙を挟む）。

軽くひっぱりながら、内側に円弧状に丸箸をすべらせる。外巻きと同様、手首を回しながら巻いていく。

その他

❶ カーネーションなどの場合　　**❷ 様々な巻き方をする**　　**❸ 花をずらして貼り重ねる**

カーネーションなどのように、一定方向だけでなく、様々な巻き方をしたほうが効果的な場合もある。

1つの花を、内巻きにしたり、外巻きにしたり、斜めに巻いたりする。また、1つの花びらの片側を外巻きに、もう片側を内巻きにしたりもする。

様々な巻き方をしたあと、花をずらして貼り重ねると❶のようになる。

花びらに筋を入れる

花びらに筋を入れると、カードに貼って封筒などに入れた時でも、形が崩れにくいのでオススメ。

❶ 花びらの中心をピンセットで挟む

花びらの付け根部分を折って、花びらを立てたあと、花びらの中心線にピンセットの端が来るように挟む。

❷ 紙を折り曲げる

ピンセットと指を使って紙を折り曲げる。

❸ 大きい花びらや葉の場合

大きい花びらや葉は、ピンセットを使って折り曲げたあと、先端を指でつまむと、折り筋がよりキレイにつく。

花びらや葉に脈のエンボス（浮き彫り）加工をする

お花や葉に脈を入れると、より本物らしさが増すのでオススメ。エンボス専用のマットやクッション性のあるマット（フェルトなど）を下に敷き、竹串や鉄筆（スタイラス）などで脈を描き入れる。

花脈

❶ 花びらに線を引く

マーガレットやガーベラなどの花びらにエンボスを入れる場合は、花びらの付け根から先端へ、数ミリ間隔で線を引いていく。

❷ 花びらにカーブをつける

エンボスをしたら、花びらの付け根を折り上げ、丸箸などでカーブをつける。

❸ 本物を参考にする

花脈の入れ方はもちろんこの限りではなく、本物のお花を参考にするとよい。

葉脈

❶ 中心線で折る

葉の中心線をピンセットで折って筋をつける。

❷ 脈を描き入れる

折った紙を広げ、エンボス用マットの上に置き、竹串や鉄筆などで中心線から斜め外側に脈を描き入れる。

❸ カーブをつける

ピンセットでもう一度中央の線を折る。このままでもよいが、丸箸などで中央の線から外側に向けてカーブをつけてもよい。

お花を貼り重ねる

花びらの枚数が多いお花を作るためには、花形の紙を何枚か用意し、花びらをずらして2枚、3枚‥と貼り重ねる。糊は中心部分だけに少しつけるようにする。

2枚を貼り重ねる場合の例

花びらにカーブをつけた後、1枚目の花びらと花びらの間に、2枚目の花びらが互い違いに出るように貼りつける。

3枚を貼り重ねる場合の例

1枚目、2枚目、3枚目とも、少しずつずらして貼り重ねる。

4枚を貼り重ねる場合の例

まずは2枚ずつ貼り重ね、そのあと2組をバランスよくずらして貼り重ねる。

基本テクニック

クイリングを取り入れる

ペーパークイリングの技法で花芯や花を作る

細長い紙をクルクル巻いて様々なアイテムを作るペーパークイリングの技法を使って、花や花芯を作ってみよう。パールやラインストーンなどの特別なものがなくても、ペーパーフラワーを完成させることができる。

基本の花芯

❶ 紙の端を挟む

細長く切った紙（幅や長さは作りたい花芯の大きさによって変わる）の端を先のとがったピンセットで挟む。

❷ 巻きつける

ピンセットにクルクル巻きつけていく。

❸ 巻き終わりを糊でとめる

巻き終わりを糊でとめ、ピンセットを外す。ピンセットを外す時は、巻きはじめの紙が飛び出してこないよう注意が必要。

シングルフリンジの花芯

❶ 細長く切る

細長く切った紙を用意（幅や長さは作りたい花芯の大きさによって変わる）。

❷ 切り込みを入れる

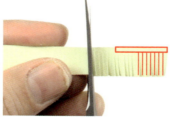

端から上数ミリを残して細かく切り込みを入れていく。❶の紙を半分に折って、2枚一緒に切ってもよい。

❸ ピンセットで挟んで巻く

基本の花芯と同様に、端をピンセットで挟んでクルクル巻いていく。巻き終わりを糊でとめる。

ダブルフリンジの花芯

❶ 半分に折る

細長く切った紙を、幅の短いほうの辺を半分に折る。

❷ 切り込みを入れる

折った状態のまま、上数ミリを残して輪のほうから切り込みを入れていく。

❸ ピンセットで挟んで巻く

基本の花芯と同様に、端をピンセットで挟んでクルクル巻いていく。巻き終わりを糊でとめて少し広げると、タンポポのようになる。

基本テクニック

その他のテクニック

花や葉、文字の入ったプレートなどをポップアップ（浮き出し）させる

　同じ種類の花などをいくつか台紙に貼りつける場合、花の高さを変えて貼ると、より立体的に見える。また、「Happy Birthday」などの文字の入ったプレートを、高さを少し加えてカードに貼ると、ワンランク上の仕上がりになる。いろいろなアイテムをポップアップさせるには、裏側に厚紙や専用のシールなどを貼ってから、台紙に貼りつける。

厚紙を使う

お花の中心部分からはみ出ない程度の大きさに切った厚紙を、好みの高さになるまで糊で貼り重ね、アイテムの後ろに貼る。

ポップアップシールを使う

ポップアップ専用のシールを各社が販売している。クッション素材を挟んだ両面テープになっているので、簡単にポップアップすることができる。

クッションテープを使う

クッション素材を挟んだ両面テープが売られている。カードなどに貼る文字プレートの裏側に貼れば、文字が浮き上がって見える。

パールやラインストーンを貼りつける

　花芯部分にパールやラインストーンを貼りつけるだけで、かわいさやエレガントさがアップする。手芸店やビーズ専門店などの他、100円ショップにもある。

パールやラインストーンは、紙用の接着剤で貼りつけることができる。糊がたくさんはみ出さないよう、少量の糊でつける。

小さなラインストーンをいくつかつけて花芯にしてもおしゃれ。

つながったパールは、貼りつけたい場所に糊をつけ、端から貼っていく。糊をつけてすぐに貼るよりは、少し時間を置いてから貼るほうが失敗が少ない。

リボンの結び方

　箱などにリボンを結ぶのは簡単だが、意外と難しい空中結び。コツを知れば簡単にできる。

❶ リボンを持つ

写真のようにリボンを持つ。

❷ 結ぶ

ひもを結ぶように、普通に結ぶ。

❸ 整える

形を整える。

Q&A

Q 薄めの紙、厚めの紙とありますが、具体的にはどのくらいの厚さの紙を使えばいいですか？

A 薄めの紙は、コピー用紙より少し厚いくらいの紙から画用紙くらいまでの厚さのものが扱いやすく、お花を作ったりするのには適しています。厚めの紙は、官製はがきより少し厚いくらいの紙がいいでしょう。紙の種類については、7ページの「基本の材料」にも説明がありますので、参考にしてください。

Q この本の中で使われているような紙はどこで買えますか？

A 画用紙、色画用紙、ケント紙などは、文房具店や画材店のほか、スーパーの文房具売り場などでも売られています。最近は、100円ショップでも買うことができるものもあります。折り紙の中にも使いやすいものがあります。タント紙は、薄めのものが折り紙としても売られていますし、水玉やストライプなどのシンプルな柄つきのもの、千代紙もあります。また、厚手の柄つきの紙は、スクラップブッキング用のものがクラフトショップなどで売られています。近くにクラフトショップがない場合は、オンラインショップを利用することもできます。

Q 紙に折り目をつけたら、変なしわが寄ってしまいました。紙をキレイに折るコツはありますか？

A 9ページの基本テクニック「紙を折る」でも説明していますが、特に厚い紙を折る場合は、折る前に筋をつけておくと折りやすく、キレイに折れます。また、紙には目（繊維の方向）があり、紙の目にそって折るとキレイに折れますが、紙の目に垂直に折ると、折り目にしわが寄ったり、折ったところが開いてきたりすることがあります。紙を破ると、まっすぐ破れる方向と破れにくい方向がありますよね？　まっすぐキレイに破れる方向が、紙の目にそった方向です。作品の中で大事な折り目になるところは、紙の目に沿うようにつけると作品の仕上りも違います。

Q できあがった作品を飾って楽しみたいです。飾る時に何か注意することはありますか？

A 紙でできた作品には、湿気は大敵です。形が崩れたり糊がはがれたりすることもありますから、高温多湿のところに置くのは避けたほうがよいでしょう。また、直射日光のあたるところに置くと、色褪せしやすくなるので気をつけましょう。もちろん、火を使うところの近くは危険ですから置かないでください。スプレー式のニスなどを吹きかけておくと、さらに保存性がよくなります。ただし、紙の質やスプレーニスによって、シミができたり変色したりすることがありますので、作品にスプレーする前に、余った紙などで試してから使ってください。また、ニスをかけることで、紙の風合いが変わることがありますので、お好みに合わせて使ってください。

Q 作品をお友達にプレゼントしたいのですが、郵送する時にお花がつぶれませんか？

A この本でご紹介している作り方できちんと成形していれば、その形はかなり長い間しっかり保ちますが、力がかかると、紙ですので、お花がつぶれてしまうことはあります。郵送したりする時には、お花の周りに柔らかい紙をまるめたものや、プチプチなどの緩衝材になるものを入れ、しっかりした箱に入れて送ることをオススメします。プラスチックのケースなどに入れて送ると、雨にぬれたりしても安心です。

Part.2
大切な人に スプリングフラワー
Spring Flower

Spring
フラワークリップ

仕上がり寸法 （大）横10cm×縦4cm、（小）横7cm×縦3cm
使用する型紙 1-3（P.88）、18-1（P.90）

タンポポを作る

材料 用意する紙（薄めの紙でOK）

Ⓐ 20cm×1cm …1本　Ⓑ 20cm×2cm …1本　Ⓒ 型紙18-1 …1枚

❶ フリンジ状に切る

ⒶとⒷの紙を、それぞれ幅が0.5cm、1cmになるように半分に折り、輪のほうを1〜2mm間隔で切る（P.12「ダブルフリンジの花芯」参照）。

❷ ピンセットに巻く

まずⒶの先をピンセットで挟んでクルクル巻き、巻き終わりを糊づけする。次に、Ⓑの端をⒶに貼り、ところどころ糊づけしながらⒶに巻きつけていく。

❸ 形を整える

巻き終わりを糊でとめ、完全に乾いたら、Ⓑのフリンジを指で外側へ押し広げる。

❹ 葉を作る

Ⓒの紙を縦半分に切って、丸箸などで軽くカーブをつける。

パステルカラーのお花を作る

材料 用意する紙（薄めの紙でOK。Ⓐ、Ⓑのイラストはそれぞれお花1個分）

Ⓐ  型紙1-3 …2枚　　Ⓑ 型紙1-3 …2枚

その他の材料
直径1.3cmの半パール…2個
※パールのかわりにクイリングで花芯を作るのも素敵です（P.12参照）。

❶ 花びらを折る

Ⓐの紙の花びらの付け根を折り上げる。

❷ カーブさせる

❶の花びらを、外側に向けてカーブをつける（P.10「外巻き」参照）。

❸ 2枚を貼り合わせる

❷で作ったものを、写真のように花びらをずらして貼り合わせる。

❹ 半パールを貼る

半パールを糊で中央に貼りつける。Ⓑの紙でも同じものを作る。

フラワークリップにアレンジ

材料 用意するもの

木製ピンチ…大小3個　レースのリボン…30cm×2本　木製ピンチよりもひとまわり大きい柄のある紙

❶ リボンを結ぶ

写真のように、リボンを大きめに結んだものと小さめに結んだものを用意する（P.13「リボンの結び方」参照）。

❷ ピンチに取り付ける

木製ピンチ・大の中央に、大きめに結んだリボンとピンクの花をグルーガンでつける（P.9「グルーガン」参照）。

❸ 同様に別タイプも作る

木製ピンチ・大に柄の紙やコピーした文字（P.94）を貼った上に、リボンとお花を貼る。紙の端は三角に切る。

❹ タンポポクリップを作る

木製ピンチ・小より一回り大きい紙を貼り、葉を1or2枚貼ってからタンポポを貼りつける。

Spring
春のお花のカード

仕上がり寸法 横11cm×縦17cm
使用する型紙 2-2、2-3（P.88）、15-1、15-2、15-3、15-4（P.89）、18-1（P.90）

ガーベラを作る

材料 用意する紙（薄めの紙でOK。Ⓐ、Ⓑ、Ⓒのイラストはお花1個分）

Ⓐ 型紙2-2…2枚
×2個分 → 合計4枚

Ⓑ 約100cm × 0.3cm…1本
×2個分 → 合計2本　※何本かをつないで100cmにしてもよい。

Ⓒ 15cm × 1cm…1本
×2個分 → 合計2本

❶ 花脈を入れる

Ⓐの紙の花びらを、P.11「花脈」を参考に、竹串や鉄筆などでエンボスする。

❷ 花びらをカーブさせる

花びらの付け根を折り上げ、丸箸などで外巻きにする（P.10「外巻き」参照）。

❸ 2枚を貼り合わせる

Ⓐの紙を2枚、中央に糊をつけて、写真のようにずらして貼り重ねる。

❹ 紙を巻く

Ⓑの紙の先をピンセットで挟み、クルクル巻きつけていって、巻き終わりを糊でとめる。

❺ フリンジ状に切る

Ⓒの紙を、幅が0.5cmになるように半分に折り、輪のほうを1〜2mm間隔で切っていく（P.12「ダブルフリンジの花芯」参照）。

❻ 花芯を完成させる

❹で作ったものの周りに少しずつ糊をつけて、❺で作ったフリンジを巻きながら貼る。

❼ お花に貼る

❻で作った花芯を、花びらの中央に糊をつけて貼る。糊が乾いたら、フリンジ部分を少し外側に開いて完成。同じものを全部で2個作る。

マーガレットを作る

材料 用意する紙（薄めの紙でOK。Ⓐ、Ⓑ、Ⓒのイラストはお花1個分）

Ⓐ 型紙2-3…1枚
×3個分→合計3枚

Ⓑ 型紙15-4…1枚
×3個分 → 合計3枚

Ⓒ 適量（細かく切る）

❶ 花びらをカーブさせる

Ⓐの紙を、花びらを折り上げてから丸箸などを使って外向きにカーブさせる（P.10「外巻き」参照）。

❷ 花芯をエンボスする

Ⓑの紙を、エンボス専用マットやマウスパッドの裏などクッション性のあるものの上に置き、先の丸いものでクルクルと丸を描くように押して、中央をへこませる。

❸ 箸を使ってもよい

塗り箸などの持ち手の先が丸いものを使ってもよい。

❹ お花に貼る

❷で作ったものを、お花の中央に合うように周りを少し切って小さくし、縁の裏に糊をつけて貼りつける。

❺ 紙を細かく切る

Ⓒの紙を、細いひも状に数本切り、それを束ねて、細かく切っていく。

❻ 花芯にふりかける

花芯の上に糊をたっぷりつけ、❺で細かく切ったものを振りかける。

❼ お花を完成させる

糊が完全に乾いたら、余分な紙を落として完成。同じものを全部で3個作る。

パンジーを作る

材料 用意する紙（薄めの紙でOK。Ⓐ〜Ⓓのイラストはお花1個分）

Ⓐ	Ⓑ	Ⓒ	Ⓓ	Ⓔ

型紙15-1…2枚 ×2個分→合計4枚	型紙15-2…2枚 ×2個分→合計4枚	型紙15-3…1枚 ×2個分→合計2枚	型紙15-4…1枚 ×2個分→合計2枚	型紙18-1…5枚

❶ 花びらに筋を描く

Ⓑ、Ⓒの紙に、色鉛筆でお花の中央から外側に向かって、花の筋を描き入れる。

❷ 中央をへこませる

Ⓐ、Ⓑ、Ⓒの紙を、花びらの表側の真ん中に丸箸や目打ちなどの先をあて、真ん中が少しへこむようにカーブをつける。

❸ カーブさせる

花びらの両端を、丸箸などを使って外向きにカーブをつける。

❹ お花のパーツが完成

Ⓓの紙を台紙にして、カーブをつけた花びらを貼っていく。

❺ 貼り合わせる

Ⓐ、Ⓑ、Ⓒの順に貼る。

❻ お花が完成

パンジーのできあがり。同じものを全部で2個作る。

❼ 葉を折る

Ⓔの紙の中心線にピンセットの端がくるように挟み、逆側から指で紙を折り曲げる。

❽ カーブさせる

真ん中から外側に向けて丸箸などでカーブをつける。同じものを全部で5個作る。

同じお花を使って

　お花屋さんの花束やアレンジメントなどに必ずといっていいほど入っているガーベラ。大輪で見栄えがし、長持ちもするので、人気がある花の一つです。前ページではピンクの清楚なガーベラを作りましたが、黄色やオレンジのこんなガーベラもいかがでしょう。明るい色合いは誕生日カードにぴったりです。

　また、春の花の代表選手の一つであるパンジー。ガーベラと違って夏から秋にかけてはあまり見ることができませんが、紙の花なら1年中いつでも作って楽しむことができます。こんなカードやタグを用意しておけば、何かの時にすぐに役に立つのでオススメです。

タグの簡単な作り方…P.39　正方形のカードの作り方…P.63

カード部分を作って完成させる

材料　用意する紙

A

厚紙（色画用紙など）
25.5cm × 10.5cm…1枚

B

厚紙（ケント紙など）
15cm × 8cm…1枚

C

厚紙（色画用紙など）
6.3cm × 2cm…1枚

その他の材料
白いリボン…60cm

---

❶ 紙を折る

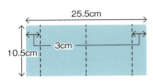

図の折り線を参考に、Ⓐの紙を真ん中で半分に折り、両側を3cm折り返す。

❷ 両端を切る

❶で折った紙の両端を、写真のように斜めに切る。

❸ 穴をあける

折り返した部分の表にするほうにだけ、左右の両端から4cmくらいのところに穴あけパンチで穴をあける。

❹ リボンを巻く

折り返した部分の裏にするほうにリボンを挟み込む。

❺ 蝶結びにする

表に返し、❸であけた穴からリボンを出す。蝶結びにして端の余分なところを切る。

❻ 台紙を差し込む

❺で作ったものにⒷの紙を差し込み、花を貼っていく。

❼ お花を配置する

糊で貼る前に一度全部並べて配置してから、1つずつ貼っていく。

❽ 完成させる

「Just For You」の文字をコピーし（P.94。手書きでもOK）、Ⓒの紙よりも少し小さく切って貼り合わせ、カードの上に貼る。

Column　センチメントに想いを込めて…

グリーティングカードには、「Happy Birthday」や「Merry Christmas」などの挨拶の言葉が書かれています。そのような言葉のことを、センチメント（sentiment）、またはグリーティング（greeting）と呼びます。グリーティングカードを手作りする時にも、その目的に合わせて、センチメントをつけましょう。　お誕生日に送るカードには、シンプルに「Happy Birthday」、ちょっとしたお礼には「Thank you（ありがとう）」や「Just for you（あなただけに）」など…英語のセンチメントはもちろん、日本語で、「おめでとう」や「ありがとう」などの言葉を添えるのも素敵です。

センチメントは、パソコンなどで作ってプリントアウトしたものを使ったり、市販のスタンプなどを使ったりして作ることもできますが、手書きの文字で作るのも楽しいですね。　センチメントの文字の大きさや形、色などを変えることで、カードのデザインの雰囲気を変えることもできるので、デザインの一部として、楽しみながら使ってみましょう。

スイセンとカラフルイースターエッグ

Spring

仕上がり寸法（フレームアレンジ）横15cm×縦17cm、（イースターエッグ）直径6cm×高さ7cm
使用する型紙 1-3（P.88）、11、13-1（P.89）、22-2、22-3、22-4（P.90）

スイセンを作る

材料
用意する紙（薄めの紙でOK。Ⓐ、Ⓑ、Ⓒ、Ⓓのイラストは、それぞれお花1個分）

Ⓐ 型紙11…2枚
×2個分→合計4枚

Ⓑ 型紙11…2枚
×3個分→合計3枚

Ⓒ 型紙13-1…1枚
×3個分→合計3枚

Ⓓ 5cm×1.2cm…1枚
×3個分→合計3枚

Ⓔ 型紙22-3…1枚

❶ 花びらをカーブさせる

Ⓐの紙2枚を、花びらの両端を丸箸や目打ちなどに巻きつけるようにして、写真のように内巻きにする。

❷ 2枚を貼り合わせる

2枚をずらして貼り合わせる（糊は中央のみにつける）。

❸ 花芯を作る

Ⓒの紙を丸めて、端を糊づけしてつなぎ合わせる。糊が乾いたら、先の部分を竹串や目打ちを使って外側にカーブさせる。

❹ フリンジ状に切って巻く

Ⓓの紙を、P.12を参考にして1.5mm間隔のシングルフリンジの花芯を作る。

❺ お花に貼る

❷で作ったものに、❸と❹を写真のように貼りつける。

❻ 葉を作る

スイセンの葉を作る。Ⓔを写真のように切り取る。両側2枚を使用。

❼ カーブさせる

竹串などで軽くカールさせる。スイセンはクリーム色2個、白1個作り、葉は2枚作る。

小さなイースターエッグフレーム

P.25のイースターエッグの飾りをひとまわり小さい半球体にし、フレームに飾ってみました。

フレーム用のイースターエッグを作る

材料
用意する紙（厚紙などの指定がない場合は、薄めの紙でOK。Ⓐ、Ⓑのイラストは、それぞれエッグ1個分）

Ⓐ 厚紙（色画用紙など）型紙22-2…色違いで5枚
※Ⓐ、Ⓑともにお好みの色でOK。

Ⓑ 型紙22-4…色違いで4枚
×2個分→合計8枚

Ⓒ 厚紙（色画用紙など）12cm×1.5cm…1枚

その他の材料
白いワイヤー…10cm×2本

幅3mmのピンクと水色のリボン…それぞれ15cm

❶ エッグ型の紙を折る

Ⓐの紙5枚を半分に折る。

❷ 貼り合わせる

折り目に近い部分に糊づけをし、5枚をお好みの順番に貼り合わせ、半球体のエッグを作る。

❸ 文字をコピーする

「Happy Easter」の文字（型紙はP.94。手書きでもOK）をコピーして、写真のように切り取る。

❹ エッグに巻く帯を作る

丸箸や目打ちなどでⒸの紙をゆるやかにカーブさせ、❸の文字を真ん中に貼りつける。

❺ 帯を巻く

❷で作ったものに❹の紙を合わせて端を折り曲げ、折り曲げた部分に糊をつけて、半球体のエッグの裏側に貼り付ける。こちらはフレームの真ん中に飾るエッグとなる。

❻ エッグ小を折って貼り合わせる

次にバルーン用のエッグを作る。Ⓑの紙4枚のうち3枚を半分に折り、折り目に近い部分に糊をつけて貼り合わせる。

❼ ワイヤーを取り付ける

折っていない紙にワイヤーを貼り、3枚を貼り合わせたものを上から貼る。

❽ リボンを貼る

結んだリボンを貼りつける。完成写真を参考に、貼り合わせる色の順番を変えて2個作る。

ペーパーリボンを作る

材料　用意する紙

Ⓐ 厚紙（色画用紙など）
15cm×1.5cm…1枚

Ⓑ Ⓐと同じ紙
5cm×1.5cm…1枚

Ⓒ Ⓐと同じ紙
7cm×1.5cm…2枚

❶ 紙を折ってカーブさせる

Ⓐの紙を半分に折って広げ、左右を少しカールさせる。折り目の部分に糊づけする。

❷ リボン型にする

両端を、輪が折れないよう気をつけながら、中心の糊づけしたところに貼り、そこにⒷを少しゆるやかに巻きつけて貼る。

❸ 紙をS字状にカーブさせる

Ⓒの紙を、丸箸などを使って写真のようにS字状にカーブをつける。

❹ 貼り合わせて端を切る

❷で作ったものの両側に貼り、端を三角に切り落とす。

ミニサイズのフラッグガーランドを作る

材料　用意する紙

 模様つきの紙（折り紙などお好みの柄）
5cm×2cm…5枚

その他の材料
白いワイヤーやひも…12cm

❶ 紙を半分に折る

Ⓐの紙を全て半分に折る。

❷ ワイヤーに貼る

❶で折った紙の折り目に糊をつけ、ワイヤーを挟んで貼りつけていく。真ん中を最初に貼り、残りを左右対称に貼っていく。

❸ 逆三角に切る

糊が乾いたら、Ⓐの紙を逆三角になるよう切り落とす。

❹ 先端を貼り合わせる

三角の先を貼り合わせる。

作ったものをフレームにアレンジして完成させる

材料　用意する紙

Ⓐ フレームの大きさに合った紙を用意。模様のある紙なら、できればスクラップブッキング用などの厚紙がよい。無地の紙の場合も、色画用紙などの厚紙を使う。

その他の材料
写真Lサイズ用のフォトフレーム

❶ フレームにエッグを貼る

Ⓐの紙をフレームにセットして、真ん中に半球体のエッグを糊で貼りつける。

❷ リボンを貼る

リボンを左上に貼る。フレームがプラスチックの場合は、グルーガンのほうが作業がスムーズにいく。

❸ バルーンとフラッグを貼る

バルーンを右上に貼り、ワイヤーが長い場合は切る。フラッグは両端だけを貼り、真ん中は浮かせるようにする。

❹ スイセンを貼る

スイセンや葉をバルーンやフラッグのワイヤーを隠すように貼る。一つはフレームの中に貼る。

イースターエッグの飾り

材料　用意する紙（厚紙などの指定がない場合は、薄めの紙でOK）

Ⓐ 厚紙（色画用紙など）
型紙22-2…色違いで10枚

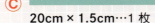

Ⓑ 型紙1-3…2枚

Ⓒ 20cm×1.5cm…1枚

Ⓓ Ⓒと同じ紙 5cm×1.5cm…2枚

その他の材料
直径1.3cmの半パール…1個
※パールのかわりにクイリングで花芯を作るのも素敵です（P.12参照）。

❶ 球状エッグを作る

P.23を参考に、Ⓐの紙で半球体を2個作る。2つを貼り合わせて球体にする。

❷ お花を作る

Ⓑの紙と半パールを使い、P.17「パステルカラーのお花を作る」と同じものを1個作る。

❸ エッグに帯を巻く

エッグの球体の間に、Ⓒの紙の端を1cmほど折って貼り、エッグに巻きつける。巻き終わりの部分も、最初と同じように折って球体の間に貼る。

❹ リボンを作る

Ⓓの紙2枚を、丸箸などを使ってカーブをつけ、輪の部分が折れないように注意して、紙の端を糊づけする。

❺ 端を三角に切る

貼り合わせたところを、写真のようにカットする。

❻ お花を貼る

❷で作ったお花を、Ⓒの巻きはじめと巻き終わりの部分を隠すように貼りつける。

❼ リボンを貼る

❺で作ったものの先に糊づけし、左右ともエッグとお花の間に貼る。

❽ 完成

色違いでたくさん作って、器にのせたり並べたりして飾ってもよい。

Spring
母の日に贈る カーネーションの カード

仕上がり寸法 横10.5cm×縦14.8cm（畳んだ時のサイズ）
使用する型紙 4-2（P.88）、5（P.89）

カーネーションを作る

材料 用意する紙（薄めの紙でOK）

A  型紙5 …6枚　B 型紙4-2 …1枚　C 10cm×3cm …1枚

❶ 花びらをカーブさせる

Aの紙4枚を、P.10「その他」を参考に、花びらを折り上げてから丸箸や目打ちなどを使って様々な方向にカーブさせる。

❷ 4枚を貼り合わせる

カーブをつけた花びらをずらして貼り重ねる（P.11「お花を貼り重ねる」参照）。

❸ 2枚を半分に折る

残りの2枚を、写真のように花びらが2枚と3枚になるように折る。

❹ 貼り合わせる

写真のように糊で貼り合わせる。

❺ カーブさせる

糊が乾いたら、❶と同様に、丸箸などを使って様々な方向にカーブをつける。

❻ お花を完成させる

❺で作った花びらをひとまとめに持ち、底の部分に糊をつけて、❷の上に貼る。

❼ 茎を作る

Cの紙を細く巻いて茎にし、Bの葉を1枚だけカットして、茎に巻きつけるように貼る。

❽ お花を貼る

茎の先に花を貼って完成。茎はカードに貼る時に余分を切る。

カード部分を作って完成させる

材料 用意する紙（厚紙などの指定がない場合は、薄めの紙でOK）

A 厚紙（ケント紙など）A4サイズ（29.7cm×21cm）…1枚

B 14cm×9.5cm…2枚

C 英字新聞柄の折り紙、包装紙など 13cm×8.5cm…1枚

D 13cm×8.5cm…1枚

E 7.5cm×1.8cm…1枚

その他の材料　赤いリボン…30cm

❶ カードのサイズに切る

Aの厚紙を写真のように短い方の辺を半分に切り、さらに片方を半分（A6サイズ）に切る。

❷ 三角に折る

❶で縦半分に切ったものを、真ん中で半分に折り、一方だけをさらに半分に折って折り目をつける（P.9「紙を折る」参照）。写真のように三角に立つようにする。

❸ 紙を貼り重ねる

❷で折り目をつけていない面にB、Dの紙を重ねて貼る。「Happy Mother's Day」の文字を厚紙にコピーし（P.94。手書きでもOK）、Eの紙より小さめに切って貼り合わせ、クッションテープや厚紙などを使ってポップアップさせる（P.13参照）。

❹ お花を貼り完成

❶で4分の1に切ったものを2枚重ねて貼り、その上にBの紙、さらにCの紙と重ねて貼る。それを、❷の三角に折った部分の手前に貼り、カーネーションの茎にリボンを結んでカードに貼る。

Spring
アネモネ ガーランド

仕上がり寸法 縦11cm（お好みの長さに作る）
使用する型紙 1-2、1-3（P.88）、18-1（P.90）、26-3（P.91）

アネモネ2種類を作る

材料 用意する紙（薄めの紙でOK。Ⓐ、Ⓑのイラストはそれぞれお花1個分）

Ⓐ 型紙1-2…2枚

Ⓑ 型紙1-3…2枚

Ⓒ ──── 10cm × 0.7cm …1本

Ⓓ ──── 10cm × 0.5cm …1本

Ⓔ ──── 10cm × 1cm …1本

その他の材料
直径1.3cmの半パール…2個
※パールのかわりにクイリングだけで花芯を作るのも素敵です（P.12参照）。

※この材料はアネモネ2個分です。ガーランドに仕上げるには、お好みの個数をお作りください。

❶ 花びらを巻いて貼り合わせる

Ⓐの紙1枚に、白い色鉛筆で花びらの付け根のところから外側に向け放射状に筋を書く。ⒶとⒷの紙の花びらを全て、丸箸や目打ちなどを使って内巻きにし（P.10「内巻き」参照）、ずらして貼り合わせる。

❷ フリンジの紙と黒パールを用意

Ⓒ、Ⓓの紙をシングルフリンジに、Ⓔの紙をダブルフリンジにする（P.12参照）。どちらも1mm間隔で切り込みを入れる。パールは油性ペンなどで黒く塗っておく。

❸ パールにフリンジを巻く

Ⓔの紙を、黒いパールに糊づけしながら巻きつけていく。さらにⒸの紙を外側に巻きつける。もう一つのパールには、Ⓓの紙を巻きつけて貼る。

❹ お花に貼る

❸で作った花芯を、写真のようにお花に貼りつける。大きいアネモネには2重にフリンジをつけたものを、小さいほうには黒いフリンジをつけただけのものを貼る。

ガーランドに仕上げる

材料 用意する紙（薄めの紙でOK）

Ⓐ  型紙18-1…2枚

Ⓑ ● 型紙26-3 …1枚

Ⓒ ● 型紙26-3 …1枚

その他の材料
ひもや毛糸など…60cm
ワイヤー8cm…1本
ワイヤー5cm…1本
お好みのリボン…30cm × 2本
直径1cmくらいの赤いラインストーン…1個

❶ 葉の両端を切る

Ⓐの紙を2枚、写真のように両端を切り落とす。

❷ 折ってカーブさせる

どちらもピンセットを使って谷折りにし（P.11「花びらに筋を入れる」参照）、両端を上半分くらい外巻きにする。

❸ お花に貼る

❷で作ったものを、大きいほうのアネモネの裏側に貼る。

❹ 丸い紙にワイヤーとひもを貼る

Ⓑの紙に糊をたっぷりつけ、8cmのワイヤーを貼った上にひもや毛糸などを貼りつける。

❺ お花を貼る

アネモネの大きいほうを、❹の上に貼る。

❻ リボンを貼る

ワイヤーにリボンを貼って裏返し、使用したリボンの端切れをワイヤーを隠すように貼る。

❼ 同様にもう1つ作る

Ⓒの紙と5cmのワイヤーでもう1つも同様に作る。ワイヤーはリボンの上に貼り、端をラインストーンで隠す。

❽ 好みの数を作る

お好みの長さになるよう、全ての工程を繰り返し、ガーランドに仕上げる。

Spring
シャクヤクのフレームアレンジメント

仕上がり寸法　横20cm×縦21cm（写真左）
使用する型紙　1-2、1-3（P.88）、10（P.89）

シャクヤクを作る

材料
用意する紙(薄めの紙でOK。Ⓐ〜Ⓕのイラストは、ピンクとオレンジのお花1個分ずつ)

- Ⓐ 型紙1-2…6枚 ×2個分→合計12枚
- Ⓑ 型紙1-2…6枚
- Ⓒ 型紙1-3…2枚 ×2個分→合計4枚
- Ⓓ 型紙1-3…2枚
- Ⓔ 15cm×1cm…1本 ×2個分→合計2本
- Ⓕ 15cm×1cm…1本

※ A、C、Eの紙は同じ。B、D、Fも同じ紙を使用。

❶ 花びらに着色する

Ⓐ〜Ⓓの紙に、ピンクの色鉛筆で花びらの先に色を塗り、綿棒でぼかす。

❷ 4枚を巻いて貼り合わせる

Ⓐの紙4枚を花びらを折り上げてから丸箸などで外側に巻き(P.10参照)、ずらして貼り重ねる。

❸ 2枚を巻いて貼る

残りの2枚は、内巻きや外巻き、斜め巻きなど、いろいろな巻き方をして❷の上に貼る。

❹ 小2枚を貼り合わせる

Ⓒを写真のように折って、糊で貼り合わせる(P.27「カーネーションを作る」参照)。

❺ カーブさせる

糊が乾いたら、丸箸などを使って様々な方向にカーブをつける。

❻ お花を完成させる

❺で作った花びらをひとまとめに持ち、底の部分に糊をつけて、❸の上に貼る。

❼ ポップアップツールを作る

Ⓔの先をピンセットで挟んでクルクル巻き、巻き終わりを糊でとめる(P.12「基本の花芯」参照)。

❽ お花の裏に貼る

❼をシャクヤクの裏に貼ると、貼りつけた時に高さがでる。同じものをピンクやオレンジであと2つ作る。

アジサイとその他の材料を作り、フレームにアレンジする

材料
用意する紙(薄めの紙でOK。Ⓐ、Ⓑのイラストはそれぞれお花1個分)

- Ⓐ 型紙10…1枚 ×4個分→合計4枚
- Ⓑ 型紙10…1枚 ×4個分→合計4枚
- Ⓒ 25cm×0.2cm…5本
- Ⓓ 22cm×1.5cm…1本
- Ⓔ フレームの大きさに合った紙を用意 ※できれば厚紙を使用

その他の材料
写真2Lサイズ用のフォトフレーム
直径3mmのラインストーン…8個
フレームの周りに貼る半パール…適量
直径1.3cmの半パール…1個
※ラインストーンのかわりにクイリングで花芯を作るのも素敵です(P.12参照)。

❶ アジサイを作る

ⒶとⒷの紙でアジサイを作る。花びらの先を色鉛筆で塗ってぼかし、花びらを付け根で折ってから丸箸などで様々な方向に巻く。花の中央にラインストーンを貼る。

❷ 紙をつるのように巻く

Ⓒの紙を目打ちなどの柄を使ってらせん状に巻いたものを2つ作る。

❸ 各パーツを貼る

フレームにⒺの台紙をセットし、P.30の完成作品を参考に配置し、グルーガンで貼りつける。Ⓒでらせん状にしていないものは、写真のように貼る(長い場合は切る)。

❹ 完成させる

Ⓓの両端を斜めに切って「Heartful LOVE」の文字をコピーして貼る(P.94。手書きでもOK)、フレームに貼る。左にアジサイ、右に半パールを貼る。フレームも半パールで飾る。

Spring
お花で飾る お祝いの袋

仕上がり寸法 仕上がり寸法：横10cm×縦18cm
使用する型紙 使用する型紙：1-4（P.88）、8-1、8-2（P.89）、18-2（P.90）、31（P.93）

大輪の花を作る

材料　用意する紙（薄めの紙でOK）

A 型紙8-1…2枚

B 型紙8-2…2枚

C 型紙18-2…3枚
※D、Eも同じ紙を使用。

D 約60cm×0.3cm…1本
※何本かをつないで60cmにしてもよい。

E 10cm×0.7cm…1本

❶ 花びらを折ってカーブさせる

A、Bの紙を全て、花びらを折り上げてから丸箸などを使って外側にカーブさせる（P.10「外巻き」参照）。

❷ 4枚を貼り合わせる

❶のお花を写真のように4枚ずらして貼り合わせる（P.11「お花を貼り重ねる」参照）。

❸ 花芯を作る

P.12を参考に、Dの紙をピンセットを使ってクルクル巻き、巻き終わりを糊でとめる。Eの紙を1mm間隔のシングルフリンジにし、Dに糊でとめながら巻きつけていく。

❹ 葉を作る

❸で作ったものを❷の花の中央に糊で貼り、乾いたらフリンジを指で少し広げる。Cはピンセットで中央を折り曲げ（P.11参照）、丸箸などを使って左右へ外巻きにする。

袋を作って完成させる

材料　用意する紙（薄めの紙でOK）

A 40cm×26cm…1枚
※大理石調の紙を使用すると豪華になります。無地でもOK。

B 40cm×1cm…1枚

C 型紙31…1枚
※型紙の両端の直線部分を延長し、長さ40cmにする。

D 型紙1-4…1枚

その他の材料
幅24mmのベージュのリボン…22cm
直径6mmのゴールドの半パール…1個
直径3mmの半パール…12個
ポップアップ用のシールか厚紙など
※より正式な袋を作る場合は、Bの紙を40cm×26.5cmにし、お祝い金を2枚の紙で包むようにする。

❶ 紙に折り筋をつける
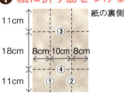
11cm / 18cm（8cm 10cm 8cm）/ 11cm　紙の裏側
Aの紙の表側に折り筋をつけ（P.9「紙を折る」参照）、紙を裏返し、図の番号順に縦の線の左側、次に縦の線の右側を谷折りし、上の線、下の線は後ろに向けて折る。

❷ 端にレースなどを貼る

❶で折ったものを広げ、CとBを写真のように貼りつける。Bは5mmほどはみ出させる。❶で折った時のようにスムーズに折れるよう調整しながら貼る。

❸ パールを貼ってリボンを巻く

Cの紙にパールを糊で貼る。完全に乾いたら、リボンを袋に巻きつけ、表側の真ん中を両面テープなどで貼り合わせる。

❹ お花と葉を貼る

リボンのつなぎ目の上に花と葉を貼る。花はポップアップシールやテープ、厚紙を重ねたものなどで浮き上がらせて貼る（P.13参照）。

❺ 短冊を作る

「Happy Wedding」の文字（P.94）を使って短冊を作る。18cm×2.6cmに切ってリボンに挟む。

❻ 完成させる

右上にDとゴールドのパールを貼る。お札を入れる袋は、市販のものを用意するか、A4のコピー用紙で包むこともできる。

お花を変えて…

左側の花はP.89/7の型紙を使用。色の紙と白い紙を1.5mmほどずらして貼っている。袋を巻いているのは、リボンではなく8mm幅のゴールドの紙。右側は、P.88/3-2の型紙を使用。リボンは1cm幅で、実際に結んでいるのではなく、結んでいるように見えるよう、糊で貼りつけた。

Spring
バラのウェディングケーキ

仕上がり寸法 直径25cm×高さ30cm
使用する型紙 1-1、1-2、1-3、1-4（P.88）、10、16-1（P.89）、17-1、17-2、18-1、18-2（P.90）、26-1、26-2（P.91）

バラを作る

材料　用意する紙（薄めの紙でOK）

A 型紙 1-1 …2枚

B 型紙 1-2 …2枚

C 型紙 16-1…1枚

※この材料はバラ1個分です。ウェディングケーキに仕上げるには、お好みの個数をお作りください。

❶ お花の中心部を作る

Cの紙を、幅の広いほうから丸箸などに巻きつけて、巻き癖をつける。棒を抜いて広げ、途中何ヵ所か、隙間をあけるように糊づけしながら手でまき直す。円の直径が1.2cmくらいになるとよい。

❷ 花びらをカーブさせる

Bの紙2枚の花びらを全て、丸箸などで写真のように内側にカーブをつける。

❸ 端を小さく巻く

❷で作った花びらの先だけを真ん中から斜め外巻きにする。

❹ 中心部を貼る

❶で渦巻きにしたものの底に糊をつけ、❸の中心に貼り、糊が完全に乾いたら、花びら3枚の内側に、写真のように糊をつける。

❺ 花びらで包むように貼る

糊をつけた花びらで、残りの花びらを包み込むように貼る。底のあたりの紙がよれてもOK。

❻ 2枚目のお花に貼る

Bの残りの紙の真ん中に❺を貼り付け、すべての花びらの付け根あたりに糊を少しつける。

❼ 花びらで包むように貼る

❺を包み込むように貼る。底のあたりの紙がよれてもOK。

❽ さらに貼り重ねる

Aの紙を2枚、外巻きにして（P.10参照）、ずらして貼り重ねる。1枚目を貼る時だけ、❻のように糊をつけて❼の側面に貼りつける。Aの紙を1枚少なくして、少し小さいバラも作る。

その他の花と材料を用意する

材料　用意する紙（薄めの紙でOK）

※この材料のお花はそれぞれ1個分です。ウェディングケーキに仕上げるには、お好みの個数をお作りください。

開いたバラ 1
 型紙 1-1…2枚
 型紙 1-2…1枚
 型紙 1-3…1枚
 型紙 1-4…1枚

開いたバラ 2
 型紙 1-1…2枚
 型紙 1-2…1枚
型紙 1-3…1枚

開いたバラ 3
 型紙 1-3…2枚

アジサイ
型紙 10…1枚

蝶
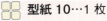 型紙 17-1…1枚
型紙 17-2…1枚

葉
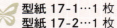 型紙 18-1…1枚
型紙 18-2…1枚

その他の材料
- 開いたバラ 1 用に直径8mmの輪状パール…1個
- 開いたバラ 2 用に直径1.3cmの半パール…1個
- 開いたバラ 3 用に直径1cmの半パール…1個

※パールのかわりにクイリングで花芯を作るのも素敵です（P.12参照）。

❶ 3種類のバラを作る

3つのお花全て、花びらを折り上げてから外巻きにし、大きいお花から小さいお花へと、花びらをずらして貼り合わせ、一番上にパールを貼る。

❷ 蝶、葉、アジサイを作る

蝶の切り方は P.63、葉のエンボス、巻き方は P.11 を参照。アジサイは、花びらを折り上げてから、外巻き、内巻き、斜め巻きなど、様々な方向に巻く。

同じお花を使って

ケーキとお揃いのウェルカムボードを作ってみましょう。写真の額は A4 サイズ。文字はパソコンで印刷し、3種類の紙を上下左右 5mm ほどのサイズ違いで中をくりぬき額縁にしました。お花をたくさん作って貼りつければこんなに華やかに。

紙のリボンを作る

材料 用意する紙（色画用紙などの厚紙を使用）

Ⓐ  型紙 26-1…10枚
※13cm×2.5cm の紙を10枚用意し、型紙をあてて、両端の部分だけ写して切る。

Ⓑ 型紙 26-1…2枚
※13cm×2.5cm の紙を2枚用意し、型紙をあてて、片方だけ写して切り、もう片方は端を山型に切り取る。

Ⓒ 型紙 26-2…1枚

❶ リボンの1段目を作る

Ⓐの紙を、丸箸などで内巻きにカーブをつけ、紙の先に糊をつけて、貼り合わせる。Ⓒの紙に6枚貼る。

❷ 2段目を作りトップを貼る

4枚を❶の上に貼る。❶に完全に重ならないように少しずらす。残った紙の端を5mm切り中央に貼る。

❸ リボンが完成

上から見たところ。丸箱の大きさに合わせて、型紙を拡大・縮小するとよい。

❹ 両端の部分を作る

Ⓑの紙を2枚、丸箸などをすべらせて、写真のようにカーブさせる。丸箱にあてて、曲げる位置を調整。

市販の丸箱を白い箱にリメイクしてお花をつける

材料 用意する紙（薄めの紙）

Ⓐ  ふたと箱本体の形を写し、約1.5cm外側を切り取った紙…それぞれ1枚ずつ

Ⓑ 長さは、ふた・本体それぞれの円周＋のりしろ1cmで、高さは、ふた・本体の高さ＋1.5cm…それぞれ1枚ずつ

その他の材料 市販の丸箱

※本書の3段ケーキは、それぞれ直径／高さが、大きいものから22cm/9.8cm、17cm/7.3cm、11.5cm/7cm の市販の白い丸箱を使用しています。箱から作る場合は、カルトナージュなどの箱の作り方を参考にするとよいでしょう。

❶ 丸い面に紙を貼る

Ⓐの紙を、線から1mmほどあけて細かくV字型に1周切り取り、丸箱にあてて、線のところでしっかり折り目をつけてから糊づけする。

❷ 側面に紙を貼る

箱を裏返して、Ⓑの紙を両面テープなどで側面に巻きつけるように貼る。箱から飛び出た分を内側に折り込み、しっかり折り線をつけてから貼る。

❸ ふたと本体を完成させる

❷で内側に折り込んで貼った紙は、ヘラなどでこすってデコボコをできるだけなくす。ふたと本体両方作り、糊などで接着する。何段かにする場合、箱同士も接着。

❹ お花やリボンで飾る

完成写真を参考に飾りつけをする。つながったパールの貼り方は P.45 参照。開いたバラ1、2はポップアップさせる(P.13 参照)。

Part.3
特別な日の
サマーフラワー
Summer Flower

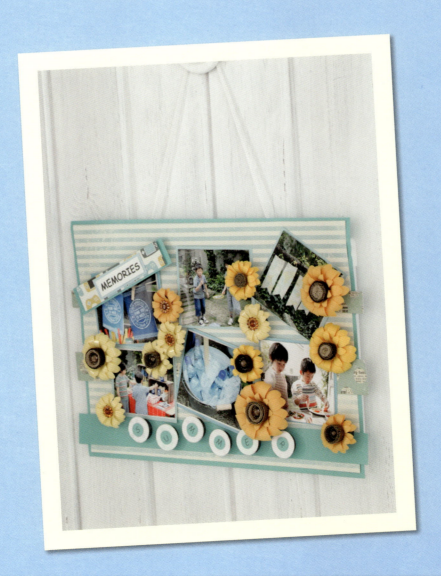

Summer
父の日に贈るフラワーボックス

仕上がり寸法 幅9cm×奥行き9cm×高さ9cm（ボックスを閉じた時のサイズ）
使用する型紙 5、9、10（P.89）、18-1（P.90）

夏

ひまわりを作る

材料 用意する紙（薄めの紙でOK。Ⓐ、Ⓑ、Ⓒのイラストはお花1個分）

Ⓐ
型紙9…3枚 ×2個分 → 合計6枚

Ⓑ 約100cm × 0.3cm…1本 ×2個分 → 合計2本
※何本かをつないで100cmにしてもよい。

Ⓒ 15cm × 1cm…1本 ×2個分 → 合計2本

❶ 花脈を入れる

Ⓐの紙の花びらを、P.11「花脈」を参考に、竹串や目打ちなどで筋を入れる。

❷ 花びらをカーブさせる

花びらの付け根を折り上げ、丸箸や目打ちなどで外巻きにする（P.10「外巻き」参照）。

❸ 3枚を貼り重ねる

Ⓐの紙を3枚、中央に糊をつけて、写真のようにずらして貼り重ねる。

❹ 紙を巻く

Ⓑの紙の先をピンセットで挟んでクルクル巻きつけ、巻き終わりを糊でとめる（P.12参照）。

❺ フリンジ状に切る

Ⓒの紙の短い方の辺を半分に折り、折った輪のほうから、上数ミリを残して写真のように細かく切り込みを入れ、ダブルフリンジを作る。

❻ 花芯を完成させる

❹で作った花芯の周りに、❺で作ったフリンジを少しずつ糊をつけて巻きながら貼る。

❼ お花に貼る

❻で作った花芯を、お花の中央に糊をつけて貼る。糊が乾いたら、フリンジを少し外側に開いて完成。同じものを全部で2個作る。

お花を変えて…
アレンジするお花を変えると、こんなエレガントなボックスになります。
簡単な作り方 …P.79

同じお花を使って

時間がある時に作り置きしておくととても便利なタグ。プレゼントやお礼の品に添えると、とても喜ばれます。表には「Thank You」や「Just For You」などの文字、裏側にはちょっとしたメッセージを書いて渡すのもいいですね。作り方はとても簡単。お花の作り方を覚えたら、ぜひタグも作ってみましょう。

●タグの簡単な作り方
①長方形の色画用紙を用意する（大きさはお好みで）。模様の入った厚紙を使っても素敵です。
②上側の角を2ヵ所、三角形に切り取る。
③三角形に切り取ったところの中央に、穴あけパンチで穴を1つあける。
④穴をあけたところにリボンを結ぶ。
⑤お好みの文字をコピーしたり（P.94）、手書きでメッセージを書いたものを、余白を少しとって切り取る。そのまま使ってもよいが、文字の紙よりも数ミリ大きい色画用紙に貼りつけてもよい。
⑥お好みの花を作る。型紙を縮小コピーして、小さい花をいくつかつけてもかわいい。
⑦リボンやレースなどと一緒にお花を貼りつけて完成。

Part.3 特別な日のサマーフラワー

カーネーションとアジサイ、葉を作る

材料 用意する紙（薄めの紙でOK。Ⓐ、Ⓑのイラストはそれぞれお花1個分）

Ⓐ

型紙5…6枚 ×2個分 → 合計12枚

Ⓑ

型紙10…1枚
×15個分 → 合計15枚

Ⓒ 型紙18-1…3枚

その他の材料
直径2mmの青いラインストーン…15個　※ラインストーンのかわりにクイリングで花芯を作るのも素敵です（P.12参照）。

❶ カーネーションを作る

Ⓐの紙でカーネーションを2つ作る。作り方はP.27を参照。

❷ アジサイを作る

Ⓑの紙でアジサイを作る。花びらの付け根を折り上げてから、丸箸や目打ちなどを使って、内巻きや外巻き、斜め巻きなど、様々な巻き方をする。作り方はP.10参照。

❸ 葉を作る

ピンセットで葉の中央を折り曲げ、折り線から外側に丸箸などでカーブをつける。葉脈をエンボスしてもよい（P.11「葉脈」参照）。

❹ 葉にアジサイを貼る

アジサイの中心にラインストーンを貼り、❸で作った葉のうちの2枚に何個かずつ貼っておく。残りのものはバラバラのまま置いておく。

お花をアレンジする

❶ 紙をボール状にする

コピー用紙を丸めて、直径5cmくらいのボール状にする。底になる部分は、平らになるようにする。

❷ お花にマスキングテープを貼る

❶で作ったものにお花を貼りつけていくが、糊で貼る前に、大きい花だけでもマスキングテープなどで仮どめをして位置を決めると失敗がない。

❸ 仮どめする

まずはひまわりとカーネーションの位置を決め、その次にまとめて貼ったアジサイの位置を決める。

❹ グルーガンなどで貼る

配置が済んだら1つずつ貼りつけていく。グルーガンを使うと作業がスムーズに進む（P.9「グルーガン」参照）。

同じお花を使って

タグと同様、時間がある時に作り置きしておくと便利なミニカード。ちょっとした小さなプレゼントを贈る際に添えるカードとしてもぴったりです。簡単なので、プレゼントを用意した時に、包装紙の色に合わせてサッと作ることもできます。相手の好みの色と花を使って作っても喜ばれるでしょう。また、文字のかわりに名前を入れて、パーティの時の席次表にしても素敵です。

●ミニカードの簡単な作り方
①はがき大のカードを用意。厚い色画用紙を台紙として使ってもOK。
②カードを2つ折りにする。
③白いカードを使った場合は、色画用紙や柄のある紙を、2つ折りにしたカードの片面より少し小さく切って貼りつける。両面テープを使うと凸凹がなくキレイに貼ることができる。
④お好みの文字をコピーしたり（P.94）、手書きでメッセージを書いたものを、余白を少しとって切り取る。そのまま使ってもよいが、文字の紙よりも数ミリ大きい色画用紙に貼りつけてもよい。
⑤お好みの花を作る。型紙を縮小コピーして、小さい花をいくつかつけてもかわいい。
⑥リボンやレースなどがあれば、より華やかになる。

ボックスを作って完成させる

材料　用意する紙（厚紙などの指定がない場合は、薄めの紙でOK）

A 厚紙（画用紙など） 27cm × 27cm …1枚

B 厚紙（画用紙など） 13cm × 13cm …1枚

C 8cm × 8cm …10枚

D 8cm × 3cm …4枚

E 英字模様の折り紙や包装紙など 7cm × 7cm …5枚

その他の材料
水色のリボン…85cm

---

❶ 紙に折り目をつける

Ⓐの紙を、図のように正方形がたくさんできるよう折り目をつける（P.9「紙を折る」参照）。縦横の折り目は谷折りに、斜めの線は山折りにする。

❷ 角を切る

角を三角に切り落として、八角形にする。

❸ ⒸとⒺを貼る

❶の上に、図のように4ヵ所に、両面テープなどでⒸの紙、Ⓔの紙を重ねて貼る。

❹ 紙に両面テープをつける

真ん中にはⒸの紙のみを貼る。両面テープを使い、写真のように一部剥離紙をはがさず、外向きに折ったまま貼りつける。

❺ 箱の外側の面にも紙を貼る

❸の紙を裏返し、Ⓒの紙、Ⓓの紙を重ねて貼る。「Happy Father's Day」の文字をコピーして切り（P.94）、図のように貼る。こちらはボックスの外側となり、文字を貼ったほうが前面となる。

❻ 内側の面にお花を貼る

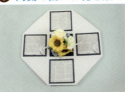

❺の紙を裏返し、ボックスを開いた時にお花のアレンジの見せたいほうがくるように（表面の「Happy Father's Day」の文字を貼った場所を意識する）、球状の底にたっぷり糊をつけて貼る。

❼ 文字をコピーする

「お父さんありがとう」の文字（P.94）を少し厚めの紙にコピーし、細長く切る。

❽ 取り付ける

文字の紙を両端を1cm折り（文字とは逆側に）、折った部分の台紙側に糊をつけて、❹の剥離紙をはがしていないところに差し込むように貼りつける。糊が乾いたら剥離紙をそっと引っ張ってはがす。

❾ 紙に折り目をつける

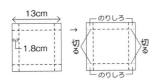

ふたを作る。Ⓑの紙を、上下左右、端から1.8cmのところに折り目をつけたあと（P.9「紙を折る」参照）、図の水色の線のところに切り込みを入れる。

❿ のりしろに切り込みを入れる

のりしろになるほうは、少し斜めに切っておくと、貼った時にはみでない。

⓫ 上の面に紙を貼る

折り線にそって折り、のりしろに糊をつけて貼る。ふたの上にもⒸの紙、Ⓔの紙を貼る。

⓬ リボンを結んで完成

お花のボックスの内側面を折り線にそって立て、ふたを閉める（ふたを閉める時に、中のお花にあたらないように注意）。底からリボンをまわし、ふたの上で蝶結びをする。

夏色の
フラワーフォトフレーム

仕上がり寸法 横20cm×縦24cm
使用する型紙 1-4、2-3、2-4、3-1、3-2 (P.88)、18-2、23-1、23-2 (P.90)

マーガレットを作る

材料 用意する紙（薄めの紙でOK。Ⓐ〜Ⓕのイラストはそれぞれお花1個分）

Ⓐ 型紙 2-3…2枚 ×3個分 → 合計6枚

Ⓑ 型紙 2-4…2枚 ×4個分 → 合計8枚

Ⓒ 約25cm×1.2cm…1本 ×2個分 → 合計2本

Ⓓ 約25cm×1.2cm…1本

Ⓔ 約18cm×1.2cm…1本

Ⓕ 約18cm×1.2cm…1本 ×3個分 → 合計3本

❶ 花びらをカーブさせる

Ⓐ、Ⓑの紙を全て、花びらの付け根を折り上げ、それぞれ8枚の花びらのうち6枚を外側にカーブさせ、2枚を内側にカーブさせる（P.10参照）。

❷ 2枚を貼り合わせる

同じ大きさのお花を2枚ずつ、花びらが互い違いになるよう、ずらして貼る。

❸ フリンジ状に切る

Ⓒ〜Ⓕの紙を、P.12「ダブルフリンジの花芯」を参考に、短い方の辺を半分に折り、輪になっているほうに1mm間隔の切り込みを入れていく。切り込みは半分くらいまで入れ、半分は切らずに残す。

❹ ピンセットで巻く

切り込みを入れたⒸ〜Ⓕの紙を、ピンセットにクルクル巻いて、巻き終わりを糊でとめる。使用する紙の厚さによって花芯の大きさが異なるので、大きくなりすぎた場合は長さを調整する。

❺ フリンジを広げる

フリンジを指や爪でしごくように外側に広げる。

❻ 丸みをもたせる

❺で作ったものの底を少し押し上げ、立体感をだす。

❼ お花に貼る

糊を花芯の後ろに埋めるようにつける。大きい花芯は大きいお花に、小さい花芯は小さいお花につける。

❽ 形を整える

2〜3枚の花びらの付け根に少し糊をつけ、花芯にくっつけて花びらが立ち上がるようにする。❼で花芯からはみ出した糊に貼りつけてもよい。大きいマーガレットを全部で3個、小さいものを4個作る。

夏色のお花を作る

材料 用意する紙（薄めの紙でOK。Ⓐ、Ⓒのイラストはお花1個分）

Ⓐ 型紙 3-1…4枚 ×2個分 → 合計8枚

Ⓑ 型紙 3-1…4枚

Ⓒ 型紙 3-2…2枚 ×2個分 → 合計4枚

Ⓓ 型紙 3-2…2枚

❶ 花びらを折る
❷ カーブさせる
❸ 4枚を貼り重ねる
❹ 2枚を折って貼り合わせる

Ⓐの紙を全て、花びらの付け根を折り上げる。

それぞれの花びらに、竹串や目打ちの先などを使って、花びらの左右を両方とも内側にカーブさせたり、外側にカーブさせたり、また、左を内側、右を外側など、様々なカーブをつける。

お花を4枚、ずらして貼り重ねる（P.11「お花を貼り重ねる」参照）。

次に、Ⓒの紙を2枚、半分に折り、背中合わせに貼り合わせる。

❺ 花びらを折る
❻ カーブさせ、4枚と貼り合わせる
❼ 形を整える
❽ 同様に白いお花も作る

糊が完全に乾いたら、背中合わせに貼りつけた部分が底になるように、花びらを立ち上げる。写真は裏から見たところ。

❺の花びらに、❷と同様のカーブをつけ、❸で作ったものの真ん中に貼りつける。

中心があくようであれば、中心部分の向かいあっている花びらの根元を貼り合わせて隠す。同じお花を全部で2個作る。

ⒷとⒹの花びらの先端部分を水色の色鉛筆で塗り（表と裏両方）、綿棒でぼかしてから、青いお花と同じものを1個作る。

小花と葉を作る

材料 用意する紙（薄めの紙でOK。Ⓐのイラストはお花1個分）

Ⓐ
型紙 1-4…2枚
×2個分 → 合計4枚

Ⓑ
型紙 18-2…5枚

Ⓒ
型紙 18-2…5枚

Ⓓ
型紙 18-2…3枚

❶ 花びらに着色する
❷ カーブさせ貼り合わせる
❸ 葉を折る
❹ 葉脈を入れカーブさせる

Ⓐの紙の先端を水色の色鉛筆で塗り（表と裏両方）、綿棒でぼかす。

「夏色のお花の作り方」の❷と同様に花びらにカーブをつけ、2枚をずらして貼り合わせる。

Ⓑ、Ⓒ、Ⓓの紙をすべて、中央の線にピンセットをあてて折り曲げ、筋をつける。

P.11「葉脈」を参考に葉に脈を入れ、中央の線から外側に向けてカーブさせる。

ベビーシューズを作る

材料 用意する紙

Ⓐ
厚紙（画用紙など）
型紙 23-1…2枚

Ⓑ
厚紙（画用紙など）
型紙 23-2…2枚

※靴の左右を作るため、型紙通りに写したものと、裏返しで写したものを1枚ずつ用意。

その他の材料
直径1.3mmの半パール…2個
グリッター（ラメ入り糊。なくてもOK）

❶ 型紙を写し折り筋をつける

作品用の紙にシューズの型紙をあてて鉛筆で写したあと、型紙の上から竹串や鉄筆などで折り線をなぞって跡をつけておく。前中心、後ろ中心のところは鉛筆で印をつける。

❷ 線に沿って切る

鉛筆の線通りに切ったあと、グリッターをシューズの縁につけて華やかにする（なくてもOK）。

❸ シューズの形に貼る

グリッターが完全に乾いたら、折り線部分を折り曲げて、印をつけておいた前中心と後ろ中心をガイドに、ⒶとⒷを貼り合わせる。

❹ 完成させる

ベルトをシューズに貼って半パールで飾り、P.44で作った小花を写真のようにシューズの縁に貼りつける。

フォトフレームにリボンを貼って完成させる

材料 用意する紙（厚紙などの指定がない場合は、薄めの紙でOK）

Ⓐ 厚紙（画用紙など） 11cm × 2.5cm…1枚
Ⓑ 厚紙（画用紙など） 12.5cm × 2.5cm…1枚
Ⓒ 11cm × 1.3cm…1枚
Ⓓ 12.5cm × 1.3cm…1枚
Ⓔ 厚紙（画用紙など） 13cm × 2.5cm…2枚
Ⓕ 13cm × 1.3cm…2枚

その他の材料
写真2Lサイズ用のフォトフレーム
パールコード…約65cm

❶ 波形に切る

Ⓐ、Ⓑ、Ⓔの紙の端ぎりぎりのところを、クラフト用の波形ハサミで切る（100円ショップでも販売している）。ない場合は直線のままでもOK。その場合は白い紙の幅を少し狭くする。

❷ カーブさせる

❶で波型に切ったⒶ、Ⓑの紙と、Ⓒ、Ⓓの紙を、丸箸などを使って大きくカーブさせる。

❸ リボンを作る

Ⓐの上にⒸ、Ⓑの上にⒹの紙を貼り、それぞれ端を貼り合わせてリボンのパーツを作る。

❹ 木枠に糊をひく

フォトフレームを木枠だけにし、パールコード（パールがつながっているもの。ない場合はパールを並べて貼ってもOK）をつけたい場所に糊を引く（紙用ボンドでOK）。

❺ パールコードを貼る

少し時間を置いて糊がねっとりしてきたらパールコードをつける。

❻ 紙にウェーブをつける

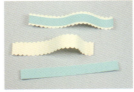

Ⓔの紙2枚とも、写真の真ん中のようにウェーブをつけ、Ⓕの紙を上に貼る。

❼ 木枠にリボンを貼る

❸と❻で作ったものを、フレームの左上に写真のように貼る。リボンの端は斜めに切って、フレームに貼りつける。

❽ シューズを貼る

ベビーシューズをリボンの上に貼る。

❾ お花を貼る

完成作品を参考に、バランスを見ながらお花を貼りつける。

❿ 完成させる

最後に葉っぱを花びらの下や隙間に潜り込ませるような感じでつける。

子供の生後100日目に行う「お食い初め」の儀式の際に、ベビーシューズのフレームや、スプーンやお花でデコレーションしたプレートを飾ってみてはいかがでしょう。贈り物にしても喜ばれます。
シャクヤクとアジサイの作り方…P.31

Summer
ブーゲンビリアとプルメリアのスイーツカップ

仕上がり寸法 横7cm×縦14cm（リボンの部分を除く）
使用する型紙 4-2（P.88）、11、14、15-4（P.89）、27（P.91）

夏

ブーゲンビリアを作る

材料　用意する紙（薄めの紙でOK）

Ⓐ  型紙11…4枚　Ⓑ 型紙4-2…1枚　Ⓒ 適量　Ⓓ |||| 1.5cm×0.5cm…4枚

❶ 包葉を半分に折ってカーブさせる

Ⓐの紙を、花びらの付け根を折り上げてから、ピンセットで花びらの中央のラインを折り、丸箸などで左右外側にカーブをつける。

❷ 葉脈を入れる

Ⓑの紙を、ピンセットで葉の中央のラインを折って筋をつけ、竹串などで葉脈をエンボスする。エンボスし終わったら再度真ん中を折り曲げる。

❸ 花の部分を作る

Ⓓの紙を、下数ミリを残し3等分に切り込みを入れ、下の方を半分に折る。先を少し曲げ、そこにⒸの紙を穴あけパンチでパンチしたものを、クシャっとつまんで曲げた先に貼る。

❹ パーツを貼り合わせる

❶と❸を4つずつ作り、まずは❷の葉の中央付近に❶を貼る。次に❸で作ったものの下に糊をつけて、❶の中央に差し込むように貼る。

プルメリアを作る

材料　用意する紙（薄めの紙でOK）

Ⓐ  型紙14…5枚　Ⓑ 型紙15-4…1枚　Ⓒ 型紙4-2…1枚

❶ 花びらに着色する

Ⓐの紙の尖ったほうを色鉛筆の黄色とオレンジ色で塗り、綿棒でぼかす。

❷ カーブさせる

丸箸などで片側を外側にゆるやかに巻き、もう片側は端のみ内巻きに。

❸ 貼り合わせる

❷の花びらを内巻きにしたほうを隣の花びらに重なるようにⒷの紙に貼る。

❹ 葉をつける

Ⓒの紙に葉脈を入れ、葉の付け根を切って3枚に分け花の裏側に貼る。

スイーツカップを作って完成させる

材料　用意する紙（厚紙などの指定がない場合は、薄めの紙でOK）

Ⓐ 厚紙（画用紙など）型紙27…1枚　Ⓑ 厚紙（画用紙など）型紙27…1枚　Ⓒ 適量　Ⓓ 適量

その他の材料
幅6mmの水色のリボン…30cm×2本
幅6mmの紫色のリボン…30cm×2本

❶ カップに穴をあける

ⒶとⒷの紙に、型紙についている印の場所に目打ちなどで直径3ミリほどの穴を開ける。目打ちは外側から内側に向けて刺す。

❷ コーン型にする

ⒶとⒷの紙を、コーン型になるよう手で巻いてカーブをつける。カーブがしっかりついたら、糊で貼りつける。

❸ リボンをつける

カップの側面の穴に、外側から内側にリボンを通し、結んで余分を切る。上でリボン結びをする。

❹ 完成させる

縁を外側にカーブさせ、カップにお花を貼る。穴あけパンチでⒸとⒹの紙をパンチし、水玉模様になるように糊で貼る。

Part.3　特別な日のサマーフラワー

Summer
ヒマワリで飾る夏の思い出コラージュ

仕上がり寸法 横31cm×縦21cm
使用する型紙 2-2、2-3、2-4（P.88）、15-4（P.89）、26-3（P.91）

ヒマワリマグネットを作る

材料

用意する紙 （取ったりつけたり触ることが多いので、お花もフリンジもできるだけ厚紙を使用する）

Ⓐ  型紙2-2…2枚

Ⓑ  型紙2-2…2枚

Ⓒ  型紙2-3…2枚

Ⓓ  型紙2-3…2枚

Ⓔ 型紙2-4…1枚

Ⓕ 型紙2-4…1枚

Ⓖ 型紙2-4…2枚

Ⓗ 15cm×1cm…1本

Ⓘ 15cm×1cm…3本

Ⓙ 15cm×1cm…3本

その他の材料
直径2cmのマグネット…5個
直径1.3cmの茶色の半パール
…3個（油性ペンなどで茶色に塗ってもよい）

※5個分の材料となっていますので、お好みの数をお作りください。

❶ フリンジ状に切る

Ⓗ、Ⓘ、Ⓙの紙を、P.12「ダブルフリンジの花芯」を参考に、短いほうの辺を半分に折って、輪になっているほうに、1～1.5mm間隔で切り込みを入れる。

❷ 花芯を作る

それぞれのお花の作り方に従って、❶で使ったものをクルクル巻いて花芯にする。写真のように何色かを使う場合は、1本目を巻き終えて糊でとめたら、1本目の端にくっつけるように2本目の端を糊で貼り、続けてクルクル巻く。2本目からは手で巻いてもよい。

❸ ヒマワリ・大を作る

Ⓐの紙を2枚、Ⓔの紙を1枚、花びらの付け根を折り上げてから、丸箸などで外側にカーブさせ（P.10「外巻き」参照）、ずらして貼り重ねる（P.11「お花を貼り重ねる」参照）。Ⓘ、Ⓙの順番に、紙をクルクル巻いて花芯を作る。花芯ができたら、お花の真ん中に糊で貼る。

❹ ヒマワリ・大を作る

Ⓑの紙を2枚、❸と同じように外巻きにして貼り合わせる。Ⓗ、Ⓘ、Ⓙの順番に、紙をクルクル巻いて花芯を作る。花芯ができたらお花の中心に貼る。

❺ ヒマワリ・中を作る

Ⓓの紙を2枚、Ⓕの紙1枚を外巻きにして、貼り重ねる。茶色のパールの周りにⒾのフリンジを糊づけしながら巻いて花芯を作る。花芯ができたらお花の中心に貼る。

❻ ヒマワリ・中を作る

Ⓒの紙を2枚、外巻きにして貼り合わせる。茶色のパールの周りにⒿのフリンジを巻き、お花の中心に貼る。

❼ ヒマワリ・小を作る

Ⓖの紙を2枚、外巻きにして貼り合わせ、中心に茶色のパールを貼る。

❽ マグネットを貼る

❸～❼で作ったお花の裏側に、マグネットを貼りつける。紙用ボンドでもOK。

同じお花を使って

ヒマワリをたくさん作って、元気いっぱいのフレームアレンジメントにしてみました。お花は2-3、2-4（P.88）、葉っぱは18-1（P.90）の型紙を使用。フレームは、ナチュラルカラーの木製のものを色づけし、文字を貼った紙で賑やかにデコレーションしています。

こちらは、ヒマワリのカップアレンジメント。竹串を必要な長さに切り、緑色の細い紙をクルクル巻いて茎にしています。カップにはフラワーアレンジメント用のオアシスを入れ、そこにお花を差し込みました。枯れないお花のアレンジメントは、夏の間中お部屋を明るくしてくれそうです。

アルファベットと文字バナーのマグネットを作る

材料 用意する紙（厚紙などの指定がない場合は、薄めの紙でOK）

Ⓐ
型紙 15-4…6枚　※文字を印刷してから切り取る。

Ⓑ
折り紙などの柄つきの紙 型紙 26-3…6枚

Ⓒ
厚紙（ケント紙など）型紙 26-3…6枚

Ⓓ 厚紙（色画用紙など） 11cm × 2.5cm…1枚

Ⓔ 柄のある紙 10cm × 2cm …1枚

Ⓕ 5.8cm × 1.8cm…1枚

その他の材料
直径 2cm のマグネット…8個

❶ 文字を切り出す

まずはアルファベットのマグネットを作る。「SUMMER」の文字（P.94）を色画用紙などにコピーし、型紙 15-4 の大きさで丸く切り取る。好きな言葉を手書きしてもよい。

❷ マグネットに丸い紙を貼り重ねる

マグネットの上に、Ⓒの紙、Ⓑの紙、Ⓐの紙の順に貼っていく。マグネットに直接貼る糊も紙用ボンドでOK。

❸ 文字プレートを作る

「MEMORIES」の文字（P.94）手書きでもOK）をコピーし、Ⓕの紙よりも少し小さく切る。下からⒹの紙、Ⓔの紙、Ⓕの紙、文字を印刷した紙を順番に貼る。

❹ マグネットを貼る

❸で作ったものの裏側に、マグネットを 2 個貼りつける。

作ったものをマグネットボードにコラージュする

材料 用意する紙（マグネットボードに貼る紙は、あまり厚手なものだと磁力が減少し、コラージュしたものが落ちやすくなるので注意）

Ⓐ 厚紙（色画用紙など）… 29cm × 21cm

Ⓑ 柄のある紙…28cm × 20cm

Ⓒ 31cm × 2.5cm

Ⓓ 柄のある紙…31cm × 2.5cm

Ⓔ 柄のある紙…31cm × 1.8cm

Ⓕ コラージュしたい写真よりもひとまわり大きい紙…必要な枚数

その他の材料
28cm × 20cm の市販のマグネットボード
※大きさが異なってもOK。その場合は、A〜Dの紙をボードの大きさに合わせる。

❶ 紙を貼り合わせる

Ⓐ〜Ⓔの紙を写真のように貼り合わせ、マグネットボードに両面テープで貼りつける。

❷ ボードにコラージュする

飾りたい写真をⒻに貼り、アルファベットと文字バナーのマグネットやヒマワリマグネット（お好みの数を用意）をコラージュする。直射日光や高温多湿な場所を避けて飾るとよい。

同じお花を使って

リボンや葉っぱをつけて、冷蔵庫などの磁力のある場所にそのまま貼りつけても素敵です。お子様の学校の予定表や、大切なことを書いたメモなどをとめておけば、見るのが楽しくなりそう。キッチンが明るくなること間違いなしです。

Part.4
秘密の森の オータムフラワー
Autumn Flower

Autumn
ダリアのコサージュ

仕上がり寸法 横7cm×縦12cm
使用する型紙 2-1、2-2、2-3（P.88）

ダリアを作る

材料　用意する紙（厚紙などの指定がない場合は、薄めの紙でOK）

Ⓐ 厚紙（色画用紙など）型紙2-1…3枚

Ⓑ 型紙2-2…2枚（Ⓐと同じ紙を使用）

Ⓒ 型紙2-3…2枚（Ⓐと同じ紙を使用）

Ⓓ 約80cm×0.3cm…1本
※何本かをつないで80cmにしてもよい。

Ⓔ 花をポップアップさせるための厚紙（厚さ1mmほど）…適量

❶ 花びらに筋を入れる

Ⓐ、Ⓑ、Ⓒの紙を全て、P.11「花びらに筋を入れる」を参考に、花びらの付け根を折り上げてから、ピンセットで筋をつける。

❷ 同じ大きさごとに貼り合わせる

P.11「お花を貼り重ねる」を参考に、Ⓐ、Ⓑ、Ⓒをまずはそれぞれの大きさごとに貼り合わせる。その時に、お花とお花の間にⒺの厚紙（厚さ1mmほど。大きさは花の中央部分に合わせる）を貼って、高さをだす。

❸ 全てを貼り合わせる

❶で作ったものを、下から大きい順に、やはり厚紙を挟んで、ずらして貼り合わせる。

❹ 花芯を作って貼る

Ⓓの紙をP.12「基本の花芯」を参考に、ピンセットにクルクル巻きつけて、巻き終わりを糊でとめる。底に糊を多めにつけて、花の中央に貼る。

コサージュピンを使って完成させる

材料　用意する材料

コサージュピン…1個
茶系のストライプのリボン…9cm×2本
薄茶色のレースのリボン…9cm×2本

❶ コサージュピンを用意

コサージュピンは、手芸店のほか、100円ショップなどでも売られている。クリップがついているタイプのほうが扱いやすい。

❷ リボンを貼る

コサージュピンに、強力タイプの両面テープやボンドなどを使ってリボンを貼る。ストライプのほうは、片端を山型に切る。

❸ お花を貼る

やはり強力タイプの両面テープやボンドなどを使って、リボンの上にダリアを貼る。

❹ 色を変えて…

同じ花でも色やリボンを変えると雰囲気も変わる。

お花を変えて…

お花の種類やリボンなどを変えて、いろいろなタイプのコサージュを作ってみましょう。お花をいくつか作って貼りつけても素敵です。その場合は、コサージュピンの丸い部分よりも少し大きく切った丸い厚紙を用意し、グルーガンなどでコサージュピンに貼りつけてからそこにお花を貼っていきます。

アジサイの作り方…P.40／バラの作り方…P.35
スプレーマムの作り方 P.56

Part.4 秘密の森のオータムフラワー

Autumn
秋色フラワーバスケット

仕上がり寸法 幅13cm×奥行き13cm×高さ12cm
使用する型紙 1-2、1-3、2-2、2-3 (P.88)、16-2 (P.89)、18-1 (P.90)

バラのつぼみを作る

材料
用意する紙（薄めの紙でOK。Ⓐ、Ⓑのイラストはお花1個分）

Ⓐ  型紙1-3…2枚
×4個分→合計8枚

Ⓑ 型紙16-2…1枚
×4個分→合計4枚

❶ 細長い紙を巻く

Ⓑの紙を、幅の広いほうから丸箸などにクルクル巻きつけて、巻き癖をしっかりつける。

❷ 糊づけする

棒を抜いて広げ、途中何ヵ所か糊づけしながら手で巻き直す。写真のように、隙間をあけながら巻く。細すぎると後の作業が大変になるので、直径が1.2cmくらいになるように。

❸ 花びらをカーブさせる

Ⓐの紙の花びらを全て、丸箸などに巻きつけて内巻きにしてから、花びらの先だけを真ん中から斜め外巻きにする。一番外側の花は、少し大きめにカーブをつける。

❹ 花の中心部分を貼る

❷で渦巻きにしたバラの中心部分の底に糊をつけ、❸の花の中心に貼る。

❺ 花びらで包むように貼る

糊が完全に乾いたら、花びら3枚の内側に糊をつけて、残りの2枚を包み込むように貼りつける。

❻ 2枚目のお花に貼る

糊が完全に乾いたら、花の下に糊をつけ、少し大きめにカーブをつけた花の上に、花びらをずらして貼りつける。

❼ 花びらで包むように貼る

花びらの付け根あたりに糊を少しつけて（5枚全て）、内側に貼りつける。

❽ つぼみが完成

つぼみのようなものは、大きいお花の隙間を埋めることができるので便利。同じものを全部で4個作る。

小さなバラを作る

材料
用意する紙（薄めの紙でOK。Ⓐ、Ⓑ、Ⓒのイラストはお花1個分）

Ⓐ  型紙1-2…2枚
×4個分→合計8枚

Ⓑ  型紙1-3…2枚
×4個分→合計8枚

Ⓒ 型紙16-2…1枚
×4個分→合計4枚

❶ お花のパーツを作る

P.34「バラのウェディングケーキ」で作ったバラよりもひとまわり小さいバラを作る。ワンサイズずつ小さい花形を使用。

❷ 貼り合わせる

作り方はP.35「バラの作り方」を参照。同じものを全部で4個作る。

同じお花を使って

ブルーのバラ（作り方は「バラのつぼみを作る」参照）とオーガンジーのリボンで、こんなエレガントな壁掛けを作ってみてはいかがでしょう。台紙は、厚紙をカラーペーパーで包み、その上にP.91/24の型紙の一部を使ったモチーフを貼ってみました。

スプレーマムを作る

材料 用意する紙（薄めの紙でOK。Ⓐのイラストはお花1個分）

Ⓐ ✺✺✺✺✺✺✺ 型紙 2-3…7枚
×4個分→ 合計 28枚

❶ 花びらをカーブさせる

Ⓐの紙のうち5枚を、花びらの付け根を折り上げてから、写真のように丸箸に巻きつけるように押さえてカーブをつける。

❷ 5枚を貼り合わせる

❶でカーブをつけた5枚の花を、少しずつずらしながら貼り重ねる（P.11「お花を貼り重ねる」参照）。

❸ 2枚をきつくカーブさせる

残りの2枚も花びらを立ててから内巻きのカーブをつけるが、先ほどの5枚よりも深いカーブにする。

❹ まん中を切り抜く

❸でカーブをつけた2枚を、花びらと花びらの間に切り込みを入れ、真ん中を丸く切り抜く。

❺ 2枚をつなぐ

切り込みを入れたところの花びらに糊をつけ、2枚の花をつなぐ。

❻ 巻いてお花の中心に貼る

❺でつないだものを、端からクルクルと巻いていき、巻き終わったら下にたっぷり糊をつけて❷のお花の上に貼る。少し手で押さえておく。

❼ 形を整える

糊が少し乾いてきたら、花びらを少し開くようにして、花の形を整える。同じものを全部で4個作る。

同じお花を使って
小さなバラ、バラのつぼみ、スプレーマムを文字プレート、リボンと一緒にピローボックス（P.83。型紙は130％に拡大）を飾ってみました。

ガーベラと葉を作る

材料 用意する紙（薄めの紙でOK。Ⓐ、Ⓑ、Ⓒのイラストはお花1個分）

Ⓐ ✺✺ 型紙 2-2…2枚
×3個分 → 合計6枚

Ⓑ 約 100cm × 0.3cm…1本
×3個分→ 合計 3本
※何本かをつないで100cmにしてもよい。

Ⓒ 15cm × 1cm…1本
×3個分→ 合計3本

Ⓓ 型紙 18-1 …3枚

❶ ガーベラを作る

P.19「ガーベラを作る」を参考にして、ガーベラを3個作る。

❷ 葉を作る

Ⓓの紙3枚を、P.11「葉脈」を参考にして、葉の中心線をピンセットを使って折り曲げてから、丸箸などで外向きにカーブをつける。葉脈をエンボスしてもよい。

お花を変えて…
秋色のお花をブーゲンビリアに変えて、夏のフラワーバスケットに。バスケットの底面のサイズを変えれば、いろいろな大きさのものを作ることができます。プレゼントにも最適。贈る方の好きなお花を選んで作ってみてはいかがでしょう。

ブーゲンビリアの作り方…P.47

バスケットを作り完成させる

材料　用意する紙

A 厚紙（画用紙など）26cm×26cm…1枚

B 厚紙（画用紙など）45cm×1cm…4本

C 厚紙（画用紙など）25cm×2.5cm…1枚

D 英字新聞柄の折り紙、包装紙など 15cm×15cm…1枚

その他の材料
コピー用紙…2〜3枚
赤いリボン…30cm

❶ 折り目をつけて切る

Ⓐの紙を、上の図のように、4辺とも端から8cmのところに折り目をつけ（P.9「紙を折る」参照）、灰色に塗りつぶした部分は切り取る。

❷ 切り込みを入れる

上下左右に飛び出した部分を、真ん中の正方形の辺に対して垂直になるように、1cm間隔で切り込みを入れる。

❸ 折る

切り込みを入れた部分を折り上げる。

❹ ひも状の紙を通す

切り込みを入れたところに、Ⓑのひも状に切った紙を、互い違いに入れていく。角がきたら、そこで90度に折って進む。

❺ 一周させる

一周したら下まで押し込み、周りにもゆるみがないか確かめ、目立たないところで編みはじめの部分と糊で貼り合わせる。はみ出た部分は切り落とす。

❻ 同様に2段目も作る

2段目は、1段目に内側にしたほうが外側に、外側にした方が内側になるように、互い違いにひも状の紙を通していく。

❼ すき間のないよう気をつける

段と段の間があかないように、時々下に押し下げながら編んでいく。一周したら、❺を参考に端を貼り合わせ、余分を切る。

❽ 4段編む

同じようにして4段編む。写真は4段編み終わったところ。

❾ とび出ている部分を折る

4段目より上に出ている部分を折る。内側にあるものは外向きに、外側にあるものは内向きに折る。

❿ 余分を切って貼る

折ったものを1段分の長さだけ残して切り、裏に糊をつけてしっかり貼る。

⓫ 持ち手を作る

Ⓒの紙を、三つ折りにして持ち手を作る。片側は5mm幅で折り、反対側は1cm幅にして、5mm幅の上にかぶせるように糊で貼る。

⓬ バスケットに貼る

⓫で作った持ち手を手でしごくようにカーブをつけ、バスケットにつける。

⓭ 英字模様の紙を貼る

Ⓓの紙を、三角形になるよう半分に切り、写真を参考にして貼りつける。余分な紙は折るか切るかする。

⓮ 紙を丸めて貼る

コピー用紙を丸めて糊をつけ、バスケットの中に貼る。

⓯ お花を貼りリボンを結ぶ

⓮で入れた紙にお花をアレンジして貼り、持ち手にリボンを結ぶ。

⓰ 文字プレートをつける

お好きな文字（P.94）を貼って完成。香りがないので、お見舞いの花として持って行っても喜ばれる。

Autumn
ハロウィンの飾り

仕上がり寸法 横15cm×縦40cm
使用する型紙 1-3（P.88）、12（P.89）、22-2、22-3（P.90）、25-1、25-2、26-3（P.91）

ハロウィン風のお花を作る

材料　用意する紙（薄めの紙でOK）

A  型紙1-3 …2枚

B 型紙12…2枚

その他の材料
直径1cmのワイン色のパール…1個
直径1.3cmの半パール…2個

C  型紙1-3 …2枚

D  型紙1-3 …2枚

❶ お花のパーツを作る

A、Bの紙を、花びらの付け根を折り上げてから、丸箸などを使って外側にカーブさせ（P.10「外巻き」参照）、それぞれ写真のようにずらして貼り重ねる。

❷ 貼り合わせる

❶で作ったものを貼り合わせ、真ん中にパールを貼ったら1つ目のお花が完成。

❸ 同じ色同士で貼る

CとDの紙を、花びらの付け根を折り上げてから、外側にカーブさせる。同じ色同士で2枚をずらして貼り重ねる。

❹ パールを貼る

それぞれ真ん中にパールを糊で貼る。

ロゼットフラワーを作る

材料　用意する紙

A
オレンジ系の模様つき厚紙（無地の色画用紙でもOK）…30cm×2.5cm

B 型紙26-3…2枚

その他の材料
既製のキラキラモール…15cm

❶ 蛇腹に折る

Aの紙に、5mm間隔で折り筋をつけ（P.9「紙を折る」参照）、蛇腹に折る。

❷ 端を貼り合わせる

❶で作ったものを、輪になるよう糊づけする。

❸ 平にする

平たい円形になるよう整える。

❹ まん中を留める

中央をBの紙でとめる。グルーガンを使うと作業がスムーズに進む。

❺ 裏も同様にする

裏側も同様にBの紙でとめる。

❻ キラキラモールをつける

お好みで、既製のキラキラモールをグルーガンで貼りつける。こちらは裏側。

❼ お花を貼る

「ハロウィン風のお花を作る」で作った黒いお花を、表側の中心に貼る。

羽を作る

材料 用意する紙（薄めの紙でOK）

Ⓐ 型紙25-1…3枚

Ⓑ 型紙25-2…3枚

その他の材料
水引…15cm×6本

❶ 紙に糊を引く

Ⓐ、Ⓑの紙の中央に糊で縦に線を引き、水引を貼る。紙のとがっているほうが上。

❷ 切り込みを入れる

糊が完全に乾いたら、1〜2mm間隔で斜めに切り込みを入れる。

❸ 端を巻く

両端を不規則に内巻きにする。

❹ 全部で6個作る

同じものを全部で大3個、小3個作る。

その他の飾りを作って仕上げる

材料 用意する紙（Ⓐ〜Ⓔ、Ⓖは色画用紙などの厚紙を使用。その他は薄めの紙でOK）

Ⓐ 型紙22-2…2枚

Ⓑ 型紙22-2…2枚

その他の材料
直径1cmのラインストーン…1個
直径0.6cmの黒い半パール…2個
毛糸などのひも…25cm×3本
既製のキラキラモール…適量
リボン結びをしたリボン…紫とオレンジ各1個

Ⓒ 型紙22-3…2枚

Ⓓ 型紙22-3…2枚

Ⓔ 型紙26-3…1枚

Ⓕ 15cm×1cm…8本

Ⓖ 厚紙（色画用紙など）15cm×1.8cm…ピンクとブルー1枚ずつ

Ⓗ 5cm×3cm…2枚

❶ カボチャを作る

大きいカボチャと小さいカボチャを作る。Ⓑの左右にⒶを貼り、Ⓒの左右にⒹを貼る。卵型の細いほうを下にする。こちら側が表になる。

❷ ひもを結ぶ

輪になるようにひもを結ぶ。同じものを3つ作る。

❸ 各パーツに貼る

カボチャ大小の表側、ロゼットフラワーの裏側にひもをテープでとめる。テープは真ん中の卵の横幅からはみ出さないようにする。ロゼットフラワーに貼るテープも短めに。

❹ パーツをつなげる

カボチャ大に、ロゼットフラワーのひもをテープでとめる。

❺ 同様につなげる

ロゼットフラワーの裏に、カボチャ小のひもをテープでとめる。

❻ 羽を貼る

カボチャ小に、お好みの羽を3つ、テープでとめる。水引が長ければ切る。

❼ ポップアップツールを作る

Ⓕの紙を使い、P.12「基本の花芯」を参考に、クルクル巻いて糊でとめたものを8個作る。ポップアップツールとして使用。

❽ 四隅に貼る

ⒷとⒸの紙に、❼で作ったものを四隅に貼りつける。

❾ 卵形をひもを隠すように貼る

小さいカボチャのひもを隠すようにⒸを貼る。後ろのオレンジ色の紙よりも少し下に貼ると、立体感が出る。

❿ 同様に貼る

大きいカボチャのひもを隠すようにⒷを貼る。❾と同様、後ろの紫色の紙より少し下に貼る。

⓫ 丸い紙でテープを隠す

Ⓔの紙を、ロゼットフラワーの裏側中央に、テープを隠すように貼る。

⓬ 文字プレートを作る

Ⓖの紙に、「Trick or Treat」「Halloween」の文字を貼る（P.94）。

⓭ カーブさせて貼る

ピンクの紙の両端を三角に切り落とし、写真のようにカーブをつけてから大きいカボチャに貼る。糊は両端だけにつける。

⓮ カボチャの軸を作る

Ⓗの紙を2枚、手でクルクル巻き、巻き終わりを糊でとめて、カボチャの軸にする。

⓯ 大きいカボチャを飾る

大きいカボチャに、P.59で作った水色とピンクのお花、P.60で作った羽、カボチャの軸、紫色のリボンを写真のように貼りつける。

⓰ モールとストーンを貼る

⓯で作ったものにさらに、キラキラモールと黒い油性ペンで塗ったラインストーンを貼りつける。

⓱ 文字プレートを貼る

水色の紙の両端を三角に切り落とし、⓭と同様に小さいカボチャに貼る。

⓲ 半パールを貼る

水色の紙の左右に半パールを貼り、⓮で作ったカボチャの軸も貼る。

⓳ 完成

キラキラモールとオレンジのリボンを貼って完成。

お花を変えて…

P.58の完成写真を参考に、ハロウィンの飾りのアレンジ作品を作ってみましょう。1つだけで飾っても素敵ですが、2つ並べると一層華やかになります。カボチャの型紙は22-1、22-2、22-3（P.90）を使い、それぞれ紫色の卵型の上にひとまわり小さいオレンジ色の卵型を貼って、縁取りのあるカボチャを作ります。

ロゼットフラワーの真ん中の黒いお花は、1-3の型紙（P.88）を使った花形を5枚用意し、そのうちの3枚は花びらを立ててから外巻きにし、ずらして貼り重ねます。残りの2枚は、P.27「カーネーションを作る」の3～5の要領で作り、6のように貼りつけます。

その他、同ページで作ったハロウィンの飾りと、文字の背景の色を上下逆にしたり、リボンも違うものを使ったりして、あちこちにちょっとした変化を加えます。キラキラモールのかわりに、ひとまわり大きいロゼットフラワーを作って重ねるのもよいでしょう。

また、型紙22-1、22-2、22-3で大中小のカボチャを作り、カボチャだけのアレンジもできます。文字の飾りも、人を驚かせる時に使う「BOO（日本語だと「バァ」）」などもかわいいでしょう。ハロウィンではよく使われる言葉です。

Autumn

ハロウィンの
フラワーカード

3種類のお花を作る

材料　用意する紙（薄めの紙でOK。Ⓐ、Ⓑ、Ⓒのイラストはそれぞれお花1個分）

Ⓐ  型紙3-1…3枚 ×2個分 → 合計6枚
Ⓑ  型紙2-3…3枚 ×2個分 → 合計6枚
Ⓒ 型紙5…4枚

その他の材料
直径1.3cmの半パール…4個
直径1.3cmのオレンジのラインストーン…1個

※パールやラインストーンのかわりにクイリングで花芯を作るのも素敵です（P.12参照）。

❶ 紙をクシャクシャにして貼り重ねる

Ⓐの紙を3枚一緒にクシャクシャに丸めて広げ、少しずつ花びらをずらして3枚重ねて貼る（P.11「お花を貼り重ねる」参照）。

❷ パールを着色する

半パール4個全てに黒の油性ペンで色を塗る。

❸ お花に貼る

色を塗ったパールを❶で作ったお花の中央に貼る。同じものを全部で2個作る。

❹ 花びらに筋を入れる

Ⓑの紙をP.11「花びらに筋を入れる」を参考にして、花びら全てに筋をつける。筋が山折りになっている方を表側にする。

❺ 3枚貼り重ねパールを貼る

花びらをずらして3枚重ね貼りし、中央に黒のパールを貼る。同じものを全部で2個作る。

❻ 花びらをカーブさせる

Ⓒの紙を、P.10「その他」を参考に、いろいろな方向に花びらをカーブさせる。

❼ 4枚貼り重ねる

❻でカーブをつけた花びらを、少しずつずらして4枚貼り重ねる。

❽ ラインストーンを貼る
中央にオレンジのラインストーンを貼ったら、3種類のお花が完成。

カード部分を作って完成させる

材料　用意する紙（厚紙などの指定がない場合は、薄めの紙でOK）

Ⓐ 厚紙（色画用紙など）30cm×15cm…1枚
Ⓑ 14cm×14cm…1枚
Ⓒ 13cm×13cm…1枚
Ⓓ 15cm×3cm…1枚

蝶の型紙を使う時は、材料の紙を半分に折り、図のように型紙をあてて白い色鉛筆などで写し、紙を折ったまま2枚一緒に切る。

Ⓔ 型紙4-2…2枚
Ⓕ 型紙17-2（外側の線のみ使用）…1枚
Ⓖ 型紙17-1…1枚　型紙17-2…2枚

❶ 蜘蛛の巣を描く

Ⓒの紙に、白いペンまたは白い色鉛筆で蜘蛛の巣を描く。Ⓐの紙を半分に折り（P.9「紙を折る」参照）、片面にⒷ、Ⓒの紙を重ねて貼る。

❷ 蝶を作る

ⒻとⒼを使って蝶を作る。模様で切った2枚の黒い蝶の間に、輪郭で切ったオレンジを挟んで貼り、その上に胴体を貼る。

❸ 文字プレートを作る

「Happy Halloween」の文字をコピーし（P.94）、2.2cm幅で切る。Ⓓの上に貼り、両端を三角に切って写真のように折る。

❹ 完成させる

Ⓔの紙の葉をバラバラに切ってまん中に折り筋をつけ、❶で作ったカードに、お花や文字、蝶と一緒に糊で貼りつける。

Autumn
コスモスとキキョウの メッセージ入り壁掛け

仕上がり寸法 横15cm×縦32cm
使用する型紙 6、7（P.89）、19（P.90）

コスモスを作る

材料

用意する紙（薄めの紙でOK。Ⓐ、Ⓑ、Ⓒのイラストはそれぞれお花1個分）

Ⓐ
型紙6…2枚
×2個分 → 合計4枚

Ⓑ
型紙6…2枚
×2個分 → 合計4枚

Ⓒ
型紙6…2枚
×2個分 → 合計4枚

Ⓓ
型紙19…6枚

その他の材料
直径1cmのラインストーン…6個（お花1個につき1つ使用。花の色に合わせて色を選ぶ）
※ラインストーンのかわりにクイリングで花芯を作るのも素敵です（P.12参照）。

❶ 花脈を入れる

Ⓐ、Ⓑ、Ⓒの紙を全て、竹串などで花びらに筋をエンボスする（P.11「花脈」参照）。

❷ 花びらにカーブをつける

❷の写真とP.10を参考に、花びらの付け根を折り上げ、丸箸などで外巻きにしたり内巻きにしたり、斜めに巻いたりしてカーブをつける。

❸ ラインストーンを貼る

カーブをつけた花びらを同じ色同士で2枚ずつずらして貼り、中央に花の色に合ったラインストーンを糊で貼る。

❹ 葉をカーブさせる

Ⓓの紙を全て、丸箸などを使って葉の先を外巻きに、葉の根元を内巻きにする。横から見てS字状になるようにする。

キキョウを作る

材料

用意する紙（薄めの紙でOK。Ⓐのイラストはお花1個分）

Ⓐ
型紙7…1枚
×6個分 → 合計6枚

Ⓑ
6cm×0.5cm…1枚

❶ 花びらをカーブさせる

Ⓐの紙の花びらの真ん中に丸箸などをあて、それに巻きつけるようにして内巻きにカーブをつける。

❷ 花びらをつなげる

花びらの付け根の端に少しだけ糊をつけ、隣りの花びらとつなぐように貼る。

❸ 先端をカーブさせる

花びらの先を竹串や目打ちなどの細いものを使って、外向きにカーブさせる。

❹ フリンジ状に切る

Ⓑの紙を、上2ミリほど残して、写真のように細かく切り込みを入れる。

❺ 巻いて花芯を作る

❹で切り込みを入れた紙を約6等分にし、1つ1つ細く巻いて糊でとめる。これがキキョウの花芯になる。

❻ お花に貼る

❺で作った花芯の根元に多めに糊をつけ、お花の中心にピンセットなどで貼る。

❼ 形を整える

糊が乾いたら、花芯の先を少しだけ開く。同じものを全部で6個作る。

Part.4 秘密の森のオータムフラワー

壁掛けの台紙を作って完成させる

材料　用意する紙（厚紙などの指定がない場合は、薄めの紙でOK）

Ⓐ
厚紙（ボール紙など）
15cm×15cm…2枚

Ⓑ
15cm×15cm…2枚
※Ⓐの紙が、表が白い厚紙の場合は、Ⓑの紙は不要。

Ⓒ
14cm×14cm…2枚

その他の材料
白いリボン…25cm×1本、30cm×1本

❶ 紙を貼り重ねる

Ⓐの厚紙の上に、Ⓑ、Ⓒの紙を重ねて貼る。Ⓐの紙が表が白い厚紙を使う場合は、Ⓑの紙は貼らなくてもよい。

❷ パンチで穴をあける

両端から4cmくらいのところに穴あけパンチで穴をあける。1枚は片側だけに、もう1枚は両側に穴をあける。

❸ リボンを結ぶ

両側に穴をあけたほうの厚紙の片側の穴に、図のようにリボン（25cmのほう）を通して結ぶ（図は裏から見たところ）。

❹ 2枚の紙をつなぐ

リボン（30cmのほう）を図のように通して、2枚の厚紙をつなぐ（図は裏から見たところ）。

❺ 台紙が完成
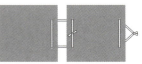
台紙が完成。表から見ると、図のようになる。

❻ お花を貼る
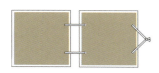
お花を台紙に貼りつけていく。キキョウやコスモスなど、和風の花は高齢の方に喜ばれるので、孫の写真を貼ったりメッセージを書いたりしてもよい。

❼ 写真を飾る

写真を貼る時は、直接貼りつけるのではなく、取り外しができるようにしておくと、時々写真を取り替えることができる。

同じお花を使って

　コスモスの花を使って、タグやミニカードを作ってみましょう。
　同じお花を使っても、紙やリボンの使い方でがらっと違う印象に。右の作品のように、毛糸を結んでもかわいいですね。
　タグは、メッセージを書いてプレゼントボックスにつけたり、ミニカードはプレゼントに添えたりもできます。また、Thank Youカードとして、ちょっとしたお礼などに常備しておくと便利です。

タグの簡単な作り方…P.39
ミニカードの簡単な作り方…P.40

Part.5
ときめく夢の ウインターフラワー
Winter Flower

Winter
ポインセチアのクリスマスカード

仕上がり寸法 横14.8cm×縦14.8cm
使用する型紙 4-2（P.88）、20-1、20-2（P.90）

ポインセチアとヒイラギの葉を作る

材料 用意する紙（薄めの紙でOK。Ⓐ、Ⓑのイラストはお花1個分）

Ⓐ
型紙4-2…3枚
×2個分 → 合計6枚

Ⓑ
型紙4-2…1枚
×2個分 → 合計2枚

Ⓒ
型紙20-1
…2枚

Ⓓ
型紙20-2
…2枚

その他の材料
直径3mmの半パール…6個
※パールのかわりにクイリングで花芯を作るのも素敵です（P.12参照）。

❶ 葉脈を入れる

ⒶとⒷの紙を全て、P.11「葉脈」を参考に、葉の中心を折って葉脈を入れてから左右外側にカーブさせる。

❷ お花を完成させる

❶で作ったものを、少しずつずらして貼り重ねる（糊は中央部分のみにつける）。中央にパールを3つ、糊で貼る。同じものを全部で2個作る。

❸ 葉を作る

Ⓒ、Ⓓの紙を全て、P.11「葉脈」を参考に、葉の中心を折ってから、外向きにカーブさせる。葉脈を入れてもよい。

同じお花を使って
ポインセチアを使って、クリスマスプレゼントに添えるタグを作ってみませんか。花にリボンをつけると、一層華やかに。
（タグの作り方はP.39参照）

カード部分を作って完成させる

材料 用意する紙（厚紙などの指定がない場合は、薄めの紙でOK）

Ⓐ 厚紙（ケント紙など）29.7cm×14.8cm…1枚
※29.7cmはA4の長辺なので、A4の紙を14.8cm幅で切ると簡単。

Ⓑ 14cm×14cm…1枚

Ⓒ 13cm×13cm…1枚

Ⓓ 8.5cm×4.5cm…1枚

その他の材料
ゴールドのリボン…30cm
直径4mmの赤いラインストーン…3個
※ラインストーンのかわりにクイリングで赤い実を作るのも素敵です（P.12参照）。

❶ 紙を折る

Ⓐの厚紙を半分に折る（P.9「紙を折る」参照）。

❷ 紙を貼り重ねる

❶で折った紙に、Ⓑの紙、Ⓒの紙と重ねて貼る（P.9「紙を貼り合わせる」参照）。

❸ 文字プレートを作る

「Merry Christmas」の文字をコピーし（P.94。手書きでもOK）、Ⓓの紙より少し小さく切り、Ⓓの紙に貼る。P.13を参考に、厚紙やシール、テープなどを使ってポップアップする。

❹ 完成させる

各パーツを写真のように糊で貼りつける（リボンの結び方はP.13「リボンの結び方」参照）。

Part.5 ときめく夢のウインターフラワー

Winter
クリスマスの壁掛け

仕上がり寸法 横19cm×縦14cm（リボン部分を除く）
使用する型紙 2-4、4-1、4-2 (P.88)、8-1 (P.89)、20-1 (P.90)、28 (P.92。外側の線と内側の線を両方使用)

ポインセチアを作る

材料　用意する紙（薄めの紙でOK）

Ⓐ 型紙 4-1…3 枚

Ⓑ 型紙 4-2…2 枚

Ⓒ 型紙 4-1…1 枚

その他の材料
直径 4mm のゴールドのラインストーン…3 個
※ラインストーンのかわりにクイリングで花芯を作るのも素敵です（P.12 参照）。

❶ 葉脈を入れる

Ⓐ、Ⓑ、Ⓒ全ての紙をP.11「葉脈」を参考に、葉の中央を折ってから葉脈をエンボスする。

❷ カーブさせる

エンボスした後、もう一度葉の中央を折り、中央の線から外側に向けてカーブをつける。

❸ 大3枚を貼り重ねる

Ⓐの紙を3枚、葉の付け根を折り上げてから、中央部分に糊をつけて、写真のようにずらして貼り重ねる。

❹ 小2枚を貼り重ねる

Ⓑの紙2枚も❸と同様、ずらして貼り重ねる。

❺ 葉を1枚切って貼る

Ⓒの紙は、葉を1つだけカットし、残りの2枚の間に貼りつける。

❻ 3つを貼り重ねる

3つを写真のように貼り重ねる。

❼ ラインストーンを貼る

ラインストーン3個を中央に糊で貼る。

Column　紙 ― PAPERとは？

本書では、比較的簡単に市場で手に入る「紙」を使った作品を紹介しています。同じ型紙を使っても材料を変えることで作品のバリエーションが増えるので、ここでは紙の定義にこだわって『和紙』と『ソラ』を使った作品をご紹介します。ほかにもファブリック（布）やクレイ（粘土）を用いても楽しんでいただけると思います。

『和紙』も種類が多く、中でも無形文化遺産として指定されている原料の「楮（こうぞ）」のみが使用されている伝統的な技法を用いて作成された和紙を使うと、独特のエレガントさで作品が上品に仕上がります。また、『ソラ』はタイ原産のマメ科、ツノクサネム属の低木の皮を薄くむいて、乾燥させた物。天然素材ゆえの温かさを備えた美しい光沢のある花となり、吸水性も良くアロマオイルを保持することもできるので、香りを楽しむ作品を作ることもできます。

ぜひ本書掲載の型紙で個性豊かな作品を作っていただけると幸いです。
（日本ペーパーアート協会®のクラフトワークセラピスト®認定講座で掲載型紙をデータで配布しております）

ソラを使ったお花と和紙のポインセチアのコサージュ

主に和紙を使って作ったカップケーキ2種

クリスマスローズとヒイラギの葉を作る

材料　用意する紙 （厚紙などの指定がない場合は、薄めの紙でOK）

Ⓐ 型紙8-1…3枚　Ⓑ 型紙8-1…1枚　Ⓒ 型紙2-4…1枚　Ⓓ 型紙2-4…1枚

Ⓔ 型紙20-1…3枚　Ⓕ 40cm×0.3cm…1本　Ⓖ 40cm×0.3cm…1本

※ⒻとⒼは、何本かをつないで40cmにしてもよい。

---

❶ 花びらを半分に折ってカーブさせる

ⒶとⒷの紙を全て、ポインセチアと同様に（葉脈は入れない）花びらを中央で折ってから左右外側にカーブさせる。こちらは裏側になる。

❷ 裏返して花びらを折る

裏返して、花びらの付け根を折り上げる。こちらが表になる。

❸ 3枚を貼り重ねる

Ⓐは、ポインセチアと同様に、3枚をずらして貼り重ねる。

❹ 花びらに切り込みを入れる

ⒸとⒹの紙の花びらの部分を、中央に向かって細く切りこみを入れる（約1mm弱の間隔で）。

❺ 折ってカーブさせる

花びらの付け根を折り上げて、外側に向けてカーブさせる。

❻ お花に貼る

ⒸとⒹの中央部分に糊をつけて、ⒶとⒷにそれぞれ貼りつける。

❼ 紙を巻く

ⒻとⒼの紙を、P.12を参考にピンセットでクルクル巻いて、巻き終わりを糊でとめる。

❽ お花に貼る

お花の中央にそれぞれ糊で貼りつける。

❾ 葉脈を入れる

Ⓔの紙は、ポインセチアの葉と同様、葉脈を入れる。

❿ カーブさせる

中央の線から左右外側に丸箸などでカーブをつける。

⓫ パーツが完成

全てのパーツが揃ったら台紙を作る。

Column　日本のヒイラギとセイヨウヒイラギ

クリスマスの定番、真っ赤な実のついたヒイラギは、日本のヒイラギではなくセイヨウヒイラギ（英名：ホーリー）のこと。葉の形がよく似ていますが、日本のヒイラギは黒紫色の実を持つ全く別の植物なのだそう。

台紙を作って完成させる

材料　用意する紙 （厚紙などの指定がない場合は、薄めの紙でOK）

※型紙28は120％に拡大してお使いください。

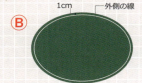

A 型紙28…1枚
※外側の線を写して切る。
（厚さ0.5mm〜1mmの厚紙）

B 型紙28…1枚
※外側の線を写し、その約1cm外側をカット。

C 型紙28…1枚
※外側の線を写し、その約1mm内側をカット。

D 型紙28…1枚
※花の背景となる紙。内側の線を写してカット。

その他の材料
幅1.2cmの金色のレース…50cm　幅1.2cmの金色のリボン…60cm
※レースが入手しづらい場合は付けなくてもOK。

❶ 紙を貼り合わせる

Ⓑの紙の上に、Ⓐの紙を線に合わせて貼りつける。

❷ ジグザグにカットする

Ⓑの紙のはみ出ている部分でⒶの紙を包む。包みやすくするために、写真のように端を切る。

❸ 糊で貼る

内側にしっかり折り込んで折り線をつけてから、糊で貼りつける。

❹ 両面テープをつける

台紙の縁から1mmより内側に両面テープを細かく貼りつける。糊でもOK。

❺ レースをつける

剥離紙をはがし、レースを貼りつける。

❻ リボンを貼る

60cmのリボンを半分に切り、台紙に糊などで貼りつける。

❼ 紙を貼って隠す

リボンを貼った側にⒸの紙を貼りつける（こちらは裏側）。

❽ 表側にも紙を貼る

台紙を裏返しにし、緑の紙の上にⒹの紙を貼る。こちらが表側になる。

❾ パーツを配置する

まずは花や葉を台紙の上に配置してみる。

❿ お花を貼る

それぞれの位置が決まったら、まずは花を貼りつける。

⓫ 葉を貼る

ヒイラギは茎の部分に糊をつけ、全体のバランスを見ながら花と台紙の隙間へ差し込むように貼る。

⓬ リボンを結ぶ

上でリボンを結ぶ。

同じお花を使って

クリスマスの夜を優しく灯すキャンドルをポインセチアで飾ってみませんか。堅いひもや細く切った厚紙などをグルグル巻いて輪にし、そこに小さなポインセチア（P.88/4-2の型紙を70％と40％に縮小）をグルーガンで貼りつけました。

こちらは、P.47のスイーツカップにクリスマスローズとヒイラギを飾ってクリスマスバージョンにしたもの。型紙はP.91/27を130％で使用。カップは白いパールを使って水玉模様にし、ゴールドの太めのリボンで華やかさをだしました。たくさん作ってクリスマスツリーに飾っても素敵です。

Winter
お正月飾り

仕上がり寸法 横22cm×縦11cm
使用する型紙 2-3（P.88）、15-4（P.89）、22-4（P.90）、26-2（P.91）

梅を作る

材料 用意する紙 (薄めの紙でOK)

- A 型紙22-4…5枚
- B 型紙22-4…5枚
- C 型紙22-4…5枚
- D 型紙15-4…1枚
- E 型紙15-4…1枚
- F 型紙15-4…1枚
- G 10cm×1cm…1本 ×3個分→合計3本

❶ 切り込みを入れる

Aの紙を全て、先が細くなっているほうに1cmの切り込みを入れる。

❷ 糊づけする

切り込みの左側に糊づけし、右側が上になるように貼りつける。

❸ 5枚を貼り合わせる

花びらの右下に糊をつけ、5枚の花びらを時計回りに貼りつけていく。

❹ 丸い紙を貼る

❸で作ったものの真ん中に、Dの紙を貼りつける。

❺ フリンジ状に切る

Gの紙を全て、P.12「シングルフリンジの花芯」を参考にして、1mmほどの間隔で切り込みを入れる。

❻ 片側を短くする

❺で作ったものの片側5cmほど、フリンジ部分を2〜3mm切り取る。

❼ ピンセットに巻く

❻の紙のフリンジの長いほうからピンセットに巻きつけていき、巻き終わりを糊でとめる。短いフリンジの部分のみピンセットで外側に広げる。

❽ お花に貼る

❹で作ったお花の中央に貼る。BとE、CとFの紙でも同じように作る。

ダイダイを作る

材料 用意する紙 (薄めの紙でOK)

- A 型紙2-3…2枚
- B 0.3cm×0.3cm…2枚

❶ 花びらをカーブさせる

Aの紙を、花びらの付け根を軽く折り上げ、丸箸などで内巻きにカーブをつける(P.10「内巻き」参照)。

❷ 先端に糊をつける

すべての花びらの先に糊を少しつける。

❸ 球状に貼る

隣の花びらの上に重ねるように貼っていき、球体にする。

❹ 小さい紙片を貼る

Bの紙をてっぺんに貼る。同じものを全部で2個作る。

松葉と竹を作る

材料 用意する紙（薄めの紙でOK）

- Ⓐ 10cm×2cm…1枚　×5個分→合計5枚
- Ⓑ 8cm×8cm…1枚　×3個分→合計3枚
- Ⓒ 5cm×3cm…1枚　×3個分→合計3枚
- その他の材料　つまようじ…5本

❶ フリンジ状に切ってようじに貼る

Ⓐの紙をシングルフリンジにし、つまようじの先を糊で貼る。

❷ らせん状に巻く

らせんを描くように、下へずらしながら巻いていく。

❸ 巻き終わりを貼る

巻き終わりを貼りつけて松葉が完成。同じものを全部で5個作る。

❹ 紙を三角に折る

次に竹を作る。まずⒷの紙を三角に折って、折り線をつけてから開く。

❺ 鉛筆に巻く

折り目を縦にし、線をガイドにして鉛筆などに巻きつける。

❻ 糊づけする

巻き終わりを糊づけする。

❼ 紙を巻く

Ⓒの紙を、3cmの辺のほうから巻いていく。

❽ 筒に差し込む

❼で作ったものを、❻の竹筒の中に半分ほど差し入れる。

❾ 先を切る

竹筒の先の斜めに合わせて切り、いったん取り出す。

❿ 筒に貼り付ける

竹筒のほうに糊をつけ、再度差し入れて貼る。あと2本作る。

> **お花を変えて…**
> 竹と椿の飾りを作って扇と一緒に飾れば、お部屋がいっそう華やかになります（椿の作り方はP.85を参照）。

梅のつぼみの小枝を作る

材料 用意する紙（薄めの紙でOK）

- Ⓐ 7cm×0.3cm…2本　×2個分→合計4本
- Ⓑ 7cm×0.3cm…2本　×2個分→合計4本
- Ⓒ 20cm×1cm…1本　×2個分→合計2本
- Ⓓ 10cm×1cm…1本　×2個分→合計2本

❶ つぼみ用の紙を巻く

Ⓐ、Ⓑの紙を、P.12「基本の花芯」を参考に梅のつぼみを作る。

❷ 紙をらせん状に巻く

ⒸとⒹの紙に両面テープを貼り、らせんになるよう巻いていく。

❸ 2本を小枝のように貼る

❷で作ったものを折ったり潰したりして貼り合わせる。

❹ つぼみを貼る

❸で作った小枝に梅のつぼみを糊で貼る。あと1個作る。

紙垂、水引飾り、紙リボンを作る

材料　用意する紙（厚紙などの指定がない場合は、薄めの紙でOK。Ⓐ、Ⓑのイラストは紙垂1つ分）

紙垂
- Ⓐ □□□　1.5cm×1.5cm…4枚　×2個分→合計8枚
- Ⓑ ■■■　1.5cm×1.5cm…3枚　×2個分→合計6枚

その他の材料
- 水引（色はお好みで）…3本
- ワイヤー…5cm

紙リボン（Ⓐ、Ⓓの紙は、色画用紙などの厚紙を使用）
- Ⓐ　22cm×3cm…1本
- Ⓑ　22cm×2.5cm…1本
- Ⓒ　22cm×1cm…1本
- Ⓓ　7cm×2cm…1本
- Ⓔ　7cm×1cm…1本

❶ 飾りを作る

Ⓐ、Ⓑの紙を交互に7枚貼ったものを2個作る。水引は3本一緒に巻いて3重の輪にし、ワイヤーでとめる。

❷ 紙を折ってカーブさせる

Ⓐ、Ⓑ、Ⓒの紙を半分に折って、山折りの側を丸箸などで内巻きにカーブをつける。Ⓓ、Ⓔは折らずに巻く。

❸ 貼り合わせる

Ⓐ、Ⓑ、Ⓒの紙を貼り重ねて中央に糊づけし、中心部分を三角に切り落とす。Ⓓ、Ⓔも貼り合わせる。

❹ リボンを完成させる

Ⓐ、Ⓑ、Ⓒの紙の中央にⒹ、Ⓔの紙を巻きつけて貼る。

扇を作って完成させる

材料　用意する紙
- Ⓐ　厚紙（色画用紙など）60cm×9cm…1枚
- Ⓑ　厚紙（色画用紙など）60cm×10cm…1枚
  ※Ⓐ、Ⓑの紙は、何枚かをつなぎ合わせてもよい。
- Ⓒ　厚紙（色画用紙など）22cm×1cm…1本
- Ⓓ　型紙26-2…2枚
- Ⓔ　9cm×9cm…1枚　※千代紙を使っても素敵です。

その他の材料
千代紙や和紙で折った折り鶴…1個　水引…20cm

❶ 紙を蛇腹に折って扇形にする

Ⓐ、Ⓑの紙を1cm幅の蛇腹に折って貼りあわせ、Ⓒを写真のようにグルーガンで持って扇を作る。

❷ 扇を完成させる

Ⓓの紙を❶で作ったものの下中央に貼る（裏表どちらも）。

❸ 竹のサイズを調整する

P.76で作った竹3本を貼り合わせる。扇にあててみて、はみ出す部分はカットする。

❹ 竹、水引などを貼る

扇に水引の飾り、竹を貼り、Ⓔの紙を三角に折ったものを、扇、水引、竹を包むように貼りつける。

❺ 梅、リボンを貼る

紙垂を三角の紙の上に貼り、その上に紙リボン、梅を貼る。

❻ 完成させる

右側に梅の小枝、左側に松葉とダイダイと折り鶴を貼る。輪にした水引で壁掛けになるようにする。

同じ飾りを使って

P.84で使用した枝リースに、扇や竹、松葉、梅、牡丹などを飾ってみました（牡丹の作り方はP.85参照）。

Winter
ミニバラの バレンタインカードフレーム

仕上がり寸法 横14.8cm×縦14.8cm（カードのサイズ）
使用する型紙 21（P.90）

ミニバラを作る

材料　用意する紙（薄めの紙でOK）

 A 型紙21 …12枚（お花12個分）

 B 型紙21 …6枚（お花6個分）

 7.5cm×7.5cmの正方形にカットした紙に型紙21をコピーしたものをのせてホチキスでとめ、重ねたまま2枚一緒に型紙の線にそって切る。

❶ ミニバラ用の紙を巻く

型紙通りに切った紙を外側からクルクルと巻いていく。巻きはじめはピンセットなどを使うとよい。1cmほど巻いたところで1ヵ所糊づけをしておく。

❷ 形を整える

中心までクルクルと巻いたら一度手を離し、花の大きさや形を整える。

❸ 糊づけする

紙の中心部分がお花の底になるので、多めに糊をつけ、巻いて形を整えたものを上にのせる。糊が乾くまでしばらく押さえておくとよい。

❹ 花びらの先をカーブさせる

糊が乾いたら、花びらの先を竹串や目打ちの先などで外巻きにして完成。
Aの紙で12個、Bの紙で6個作る。

カード部分を作って完成させる

材料　用意する紙（厚紙などの指定がない場合は、薄めの紙でOK）

 A 厚紙（ケント紙など）29.7cm×14.8cm…1枚

 B 14.3cm×14.3cm…1枚

 C 13.8cm×13.8cm…1枚

 その他の材料　赤いリボン…30cm

※Aの紙の29.7cmはA4の長辺の長さなので、A4の紙を14.8cm幅で切ると簡単。

❶ 紙を貼り合わせる

Aの厚紙を半分に折り（P.9「紙を折る」参照）、B、Cの紙を両面テープなどで重ねて貼る（P.9「紙を貼り合わせる」参照）。

❷ ミニバラを配置する

ミニバラ18個をハート型になるよう置いてみる。位置が決まったら、1つずつカードに糊で貼っていく。

❸ 文字プレートを作る

「Happy Valentine's Day」の文字を厚めの紙にコピーし（P.94。手書きでもOK）、細長く切って両端を写真のように三角に切り落とす。

❹ 完成させる

リボンを結んで（P.13「リボンの結び方」参照）、文字と共にミニバラの上に貼りつけて完成。P.78の完成作品のように、額に入れて飾っても素敵。

同じお花を使って

同じミニバラで、デザインの違うカードを作ってみてはいかがでしょう。十字にリボンをかけて、プレゼントボックスに見立てるのも素敵です。

バレンタイン用フラワーボックス

P.38の「父の日に贈るフラワーボックス」をバレンタイン用に。P.55「小さなバラを作る」を参考にバラを7個作り、そのうち6つを球状にまるめたコピー用紙に貼り、隙間は葉で埋めます。残りの1つはボックスの上に貼り、リボンは側面に結びます。

Winter
フラワースイーツボックス

仕上がり寸法 （箱大）幅9cm×奥行き8cm×高さ11.5cm、
（箱小）幅7cm×奥行き6cm×高さ10.5cm
（ピローボックス大）横11cm×縦6.5cm、
（ピローボックス小）横9cm×縦5.5cm
使用する型紙 1-1、1-2、1-3、1-4（P.88）、10、16-1
（P.89）、24（P.91）、29（P.92）、30（P.93）

カメリアを作る

材料 用意する紙（薄めの紙でOK）

 Ⓐ  型紙1-1 …2枚

 Ⓑ 型紙1-2 …2枚

❶ 花びらをカーブさせる

Ⓑの紙を1枚、花びらは折らずに、丸箸などを使って内巻きにする。

❷ 端を小さく巻く

花びらの両端の上半分くらいを、斜めに内巻きにする。

❸ 糊をつける

それぞれの花びらの片側に少し糊をつける。

❹ つぼみになるように貼る

隣の花びらと貼り合わせ、つぼみのような形にする。

❺ 花びらを立たせる

もう一枚のⒷの紙の花びらの付け根を、丸箸の先で中央部分を少し広げるように立たせる。

❻ カーブさせる

花びらを大きく外巻きにする。

❼ 2枚を巻いて貼り合わせる

Ⓐの紙を2枚、花びらを折り上げてから外巻きにし、2枚をずらして貼り重ねる。

❽ 全てのパーツを貼り合わせる

❼の上に❻をずらして貼り、一番上に❹で作ったものを貼る。

その他のお花を作る

材料 用意する紙（薄めの紙でOK）

バラ1
 型紙1-1…2枚
 型紙1-2…2枚
 型紙16-1…1枚

アジサイ
 型紙10…7枚

バラ2
 型紙1-1…2枚
 型紙1-2…2枚
 型紙16-1…1枚

小さなお花1
Ⓐ 型紙1-3…2枚
Ⓑ  型紙1-4…1枚

バラ3
 型紙1-1…1枚
 型紙1-2…2枚
型紙16-1…1枚

小さなお花2
Ⓐ 型紙1-3…2枚

その他の材料
アジサイ用に直径2mmのラインストーン…7個
小さなお花1用に直径7mmのパール…1個
小さなお花2用に直径1.3cmのパール…1個
※パールのかわりにクイリングで花芯を作るのも素敵です（P.12参照）。

Part.5 ときめく夢のウインターフラワー

❶ シックなバラを作る

（バラ1）の紙を使って、箱小用にシックなバラを1個作る。作り方はP.35「バラを作る」参照。

❷ ローズピンクのバラを2つ作る

（バラ2）（バラ3）の紙を使って、箱大用にローズピンクのバラを2つ作る。1つはP.35のバラと同じだが、もう1つは、重ねるお花を1枚減らして、少し小さいバラを作る。

❸ アジサイを7個作る

（アジサイ）の紙を使って、箱大用にアジサイを7個作る。花びらを付け根から折り上げたあと、丸箸などで外巻きや内巻き、斜め巻きなど、不規則に巻き、真ん中にラインストーンを貼る。

❹ ピローボックス用のお花を作る

（小さなお花1、2）の紙を使って、ピローボックス大、小用のお花を作る。どちらもⒶの紙を、花びらを折り上げてから外巻きにし、2枚をずらして貼り重ねる。お花2のほうは、大きなパールを貼って完成。お花1のほうはさらにⒷの紙を巻いて上に貼り、最後にパールを貼る。

箱小用のリボンの作り方

材料　用意するもの

幅24mmの茶色のリボン…18cm×2本
幅24mmのベージュのリボン…18cm×2本

❶ 両面テープを貼る

リボンの端に幅1cmの強力タイプの両面テープを貼る。普通タイプだとはがれやすいので、強力タイプの両面テープを用意するか、布用ボンドを使う。

❷ 輪にする

両端を貼り合わせて輪にする。

❸ 内側に両面テープを貼る

輪の内側に、写真のように両面テープを貼る。表側のつなぎ目の線の真後ろに貼る。

❹ 上下を貼り合わせる

剥離紙をはがして、写真のように貼りつける。

❺ 外側に両面テープを貼る

両面テープを表側の線の上に貼る。

❻ リボン形にする

剥離紙をはがし、リボン中央の上下を写真のように貼りつける。

❼ 両面テープを貼る

❻の上に、さらに両面テープを貼る。同じものを全部で2個作る。

❽ 2つ作って貼り合わせる

片方の剥離紙をはがし、2個を写真のようにクロスに貼り重ねる。茶色とベージュで1つずつ作る。

お花を変えて…

箱小に飾るお花を、P.56のスプレーマムに変えてみました。葉はP.90/18-2の型紙を使用。モーブピンクの紙で箱を作り、箱の上と側面には、面よりも少し小さい薄茶色の紙を貼り、その上にさらに小さい焦げ茶色の紙を重ねています。最後に白いリボンを飾って完成です。

同じお花を使って

ひとまわり小さいカメリアの花（型紙はP.88/1-2と1-3を使用）を使ったナプキンリングです。台紙にはピンクの紙を使い、その上に白と紫の細い紙を貼って和紙で覆いました。周りの小さなお花は直接台紙に貼りつけていますが、カメリアはポップアップさせています。

箱大、小を作って完成させる

材料　用意する紙

Ⓐ 型紙30を160％に拡大したもの
…1枚（厚紙を使用）

Ⓑ 型紙30を120％に拡大したもの
…色違いで2枚（厚紙を使用）

Ⓒ 型紙24…色違いで2枚（厚紙を使用）

その他の材料

幅24mmの茶色のリボン
…36cmと34cmが1本ずつ

幅3mmのピンクのリボン
…80cm

直径4mmのラインストーン
…5個

❶ 型紙の折り線をなぞる

Ⓐ〜Ⓒの紙を全て、型紙を重ねたまま折り線部分を鉄筆や竹串などでなぞり、紙の表側に筋をつけて折りやすくする。

❷ 箱を組み立てる

Ⓐ、Ⓑの紙を、表側の折り線を全て山折りにし、のりしろに糊をつけて反対側の端と貼り合わせ、組み立てる。

❸ 箱大を完成させる

Ⓐの箱のほうは、プレゼントを箱の中に入れたあと、リボン同士を両面テープなどで貼り合わせ、その上にバラやアジサイを貼りつける。

❹ 箱小を完成させる

Ⓑの箱のほうは、Ⓒの紙を折ったものを上にのせ、リボンで固定するか、粘着力の弱い両面テープなどで固定する。その上にお花やリボンを貼りつける。

ピローボックス大、小を作って完成させる

材料　用意する紙

Ⓐ 型紙29を120％に拡大したもの
…1枚（厚紙を使用）

Ⓑ 型紙29
…1枚（厚紙を使用）

その他の材料

ひも…70cm

幅3mmのワイン色のリボン
…50cm×2本

❶ 型紙の折り線をなぞる

Ⓐ、Ⓑの紙を、箱の作り方同様、折り線部分に筋をつける。

❷ 箱を組み立てる

折り線で折ってから、のりしろに糊をつけて組み立てる。

❸ ピローボックス大が完成

Ⓐのほうは、ひもを結んだ上に花を貼りつける。

❹ ピローボックス小が完成

Ⓑのほうは、箱の横方向に二重にリボンを結んだあと、写真のように両端を広げ、花を貼る。

Winter
冬のリース

仕上がり寸法 冬のリース、春節に飾るリース、いずれも横17cm×縦17cm
使用する型紙 冬のリース：1-1、1-2、1-3（P.88）、11、12（P.89）、18-1、22-3、22-4（P.90）
春節に飾るリース：1-1、1-2、1-3、2-3、4-2（P.88）、12、13-2、15-4（P.89）、
18-1、22-3、22-4（P.90）

冬のリース

椿を作る

材料　用意する紙（薄めの紙でOK）

 A　　型紙 1-3…2枚

B　　型紙 1-3…2枚

C　　型紙 22-4…3枚

D　　10cm×1.5cm…2本

① 花びらをカーブさせ貼り合わせる

Ⓐ、Ⓑの紙を、丸箸などで内側にカーブをつけ（P.10「内巻き」参照）、同じ色同士をずらして貼り合わせる。

② シングルフリンジの花芯を作る

Ⓓの紙で、P.12を参考にシングルフリンジの花芯を作る。フリンジの先を黄色いペンで着色する。

③ お花に貼る

①の真ん中にフリンジの花芯を貼りつける。

④ 葉をつける

Ⓒを半分に折り、先の細いほうを左右に斜め外巻きにする。Ⓐの紙の花に2枚、Ⓑの花の裏側に1枚貼る。

牡丹を作る

材料　用意する紙（薄めの紙でOK）

A　　型紙 1-1…2枚

B　　型紙 1-1…2枚

C　　型紙 1-2…4枚

その他の材料
直径1.3cmの半パール…2個

D　　型紙 1-2…4枚

E　　5cm×1cm…1枚

F　　5cm×1cm…1枚

G　　型紙 18-1…4枚

※パールのかわりにクイリングで花芯を作るのも素敵です（P.12参照）。

① 花びらをカーブさせる

Ⓐ～Ⓓの紙の花びらを、全て内側にカーブをつける。

② 同じ色、大きさで貼り合わせる

Ⓐ、Ⓑは2枚、Ⓒ、Ⓓは4枚、ずらして貼り合わせる（P.11「お花を貼り重ねる」参照）。

③ 同じ色同士で貼る

②で作ったものを、同じ色同士で貼り重ねる。

④ シングルフリンジの紙を筒状に

Ⓔ、Ⓕの紙に、1.5mm間隔ぐらいのシングルフリンジを入れて、パールの大きさに合わせて筒状にする。

⑤ お花にフリンジとパールを貼る

③の真ん中にパールとフリンジを貼る。糊が乾いたら、フリンジをほんの少し外側に広げる。

⑥ 葉をつける

Ⓖを半分に折り、左右を外巻きにする。それぞれのお花に2枚ずつ貼る。

同じお花を使って

冬の代表的なお花、椿はお正月のアレンジにもぴったりです。固い厚紙の四辺を茶色のマスキングテープで額縁のように囲み、厚紙よりも少し小さい黒い紙を貼り、椿の花や千代紙、金の紙、水引で飾りました。

小さな梅を作る

材料 用意する紙（薄めの紙でOK）

型紙12…4枚

型紙12…4枚

その他の材料
直径6〜7mmの半パール…4個
直径6〜7mmのラインストーン…4個

❶ 花に筋を描く

Ⓐの紙を、黄色い色鉛筆で中心部分に放射状に線を入れる。

❷ 花びらをカーブさせる

Ⓐ、Ⓑの紙を、丸箸などで全て内巻きにする。

❸ 花芯をつける

Ⓐの中央に半パール、Ⓑにはラインストーンを貼る。

その他のお花と飾り、リースを作って完成させる

材料 用意する紙（薄めの紙でOK。Ⓐのイラストはお花1個分）

Ⓐ 型紙11…2枚
×2個分→合計4枚

Ⓑ 型紙11…2枚

Ⓒ 型紙13-1…1枚
×3個分→合計3枚

Ⓓ 5cm×1.2cm…1枚
×3個分→合計3枚

Ⓔ 型紙22-3…1枚

Ⓕ 厚紙（色画用紙など）6cm×1.5cm…色違いで4枚

その他の材料
幅1cmの白いリボン結び…4個
幅1cmの白いリボン…8cm1本
直径15cmの既製の枝リース
白い毛糸

❶ スイセンを作る

Ⓐ〜Ⓔの紙でP.23「スイセンを作る」を参考にして、クリーム色のスイセンを2個、白を1個作る。葉は2枚用意する。

❷ 文字プレートを作る

P.94の文字をコピーし、薄紫の紙には「牡丹」、ピンクには「椿」、緑色は「梅」、黄色は「水仙」の文字を貼る。

❸ リースに毛糸を巻く

既製の枝リースに白い毛糸をしっかり巻きつける。

❹ 壁掛け用リボンをつける

上になる部分の裏に、壁掛けになるようグルーガンでリボンをつけておく。

❺ パーツを配置する

❹でつけた壁掛け用リボンを頂点とし、文字の紙以外をリースの上に配置してみる。

❻ お花を貼る

それぞれの位置が決まったら、グルーガンで大きなお花から貼りつけていく。

❼ リボンを貼る

花と花の間に白いリボン結びを飾る。

❽ 文字プレートを貼る

4つの文字をそれぞれのお花のそばに貼る。

春節に飾るリース
しだれ梅を作る

材料 用意する紙（薄めの紙でOK）

A  型紙12…5枚　B 型紙12…5枚　その他の材料 水引…12〜13cm×2本

❶ お花に穴をあけてカーブをつける

A、Bの紙の真ん中に目打ちなどで穴をあけ、丸箸などで内巻きにカーブをつける。水引は先を固結びしておく。

❷ 水引に通して貼る

水引の結び目に紙用ボンドをつけ、反対側からお花を通して接着する。

❸ 2cmおきに貼る

❷で貼りつけたお花より2cmほど上に紙用ボンドをつけ、さらにお花を通して貼りつける。

❹ 完成

1本の水引にそれぞれ5個お花をつけたら完成。

その他のお花を作ってリースに飾る

材料 用意する紙（厚紙などの指定がない場合は、薄めの紙でOK）

梅
 型紙22-4…5枚　● 型紙15-4…1枚　10cm×1cm…1枚

その他の材料
直径15cmの枝リース　リボン…色違いで30cm×5本
リースに巻くリボン…1m　直径1.3cmの半パール…3個

梅のつぼみの小枝
7cm×0.3cm…紅白1本ずつ　5cm×0.5cm…2本

キンカン（2個分）
 型紙2-3…2枚　0.3cm×0.3cm…2枚　型紙22-4…2枚

椿
 型紙1-3…2枚　型紙22-4…2枚　10cm×1.5cm…1枚

スイセン
型紙13-2…1枚　型紙22-3…1枚　型紙4-2…2枚　5cm×2cm…1枚

牡丹
 型紙1-1…2枚　 型紙1-2…4枚　5cm×1cm…1枚　型紙18-1…2枚

八角形の台紙用の紙 ※色画用紙などの厚紙を使用
6.5cm×6.5cm…2枚　5.5cm×5.5cm…5枚　4.5cm×4.5cm…色違いで3枚

❶ 各パーツを作る

梅はP.75、スイセンP.23（型紙は異なります）、キンカンP.75（ダイダイ参照）、梅のつぼみの小枝P.76、椿、牡丹はP.85を参照して作る。

❷ リースにリボンを巻く

リースに太めの幅のリボンをグルグル巻き、てっぺんに壁掛け用のリボンをつける。

❸ 八角形の台紙を作る

八角形の台紙用の紙は、四隅を切り落とす。完成作品を参考に、八角形やお花、結んだリボンなどを貼っていく。

春節は旧暦のお正月で、特に中国圏では最も重要視される祝祭日です。春節風リースには、中国十大名花のうちの梅、牡丹、水仙を、中国において縁起がよいとされているキンカン、大茶花と呼ばれる唐椿（椿）を取り入れてみました。

型紙（実物大）ご使用方法はP.8「紙に型紙を写して切る」をご参照下さい。

※コピーは個人的な趣味の範囲でご利用ください。

型紙 89

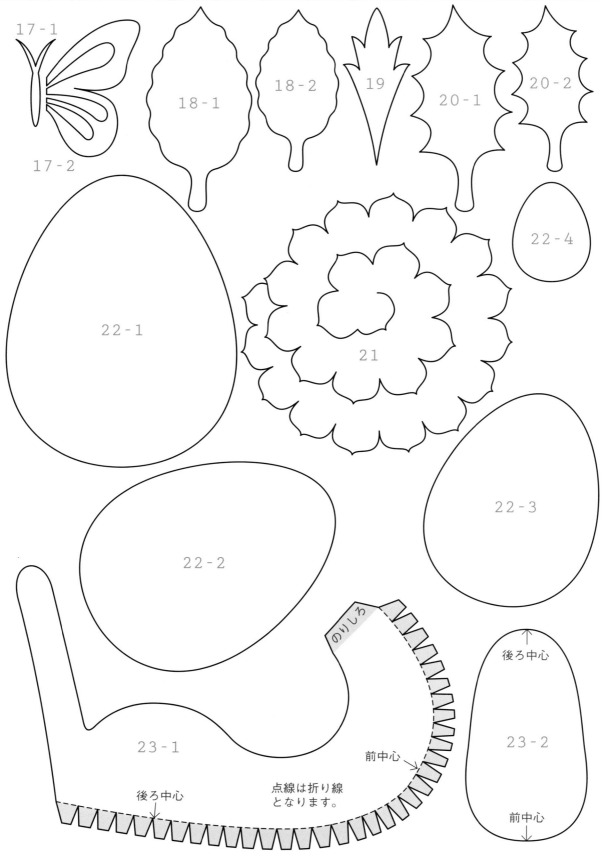

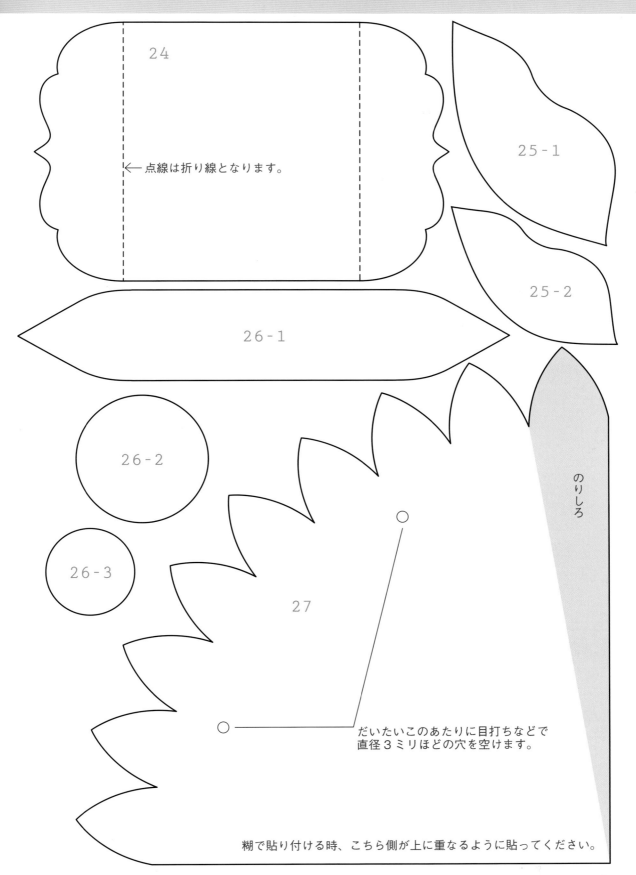

型紙（指定のあるもの以外は実物大）ご使用方法はP.8「紙に型紙を写して切る」をご参照下さい。

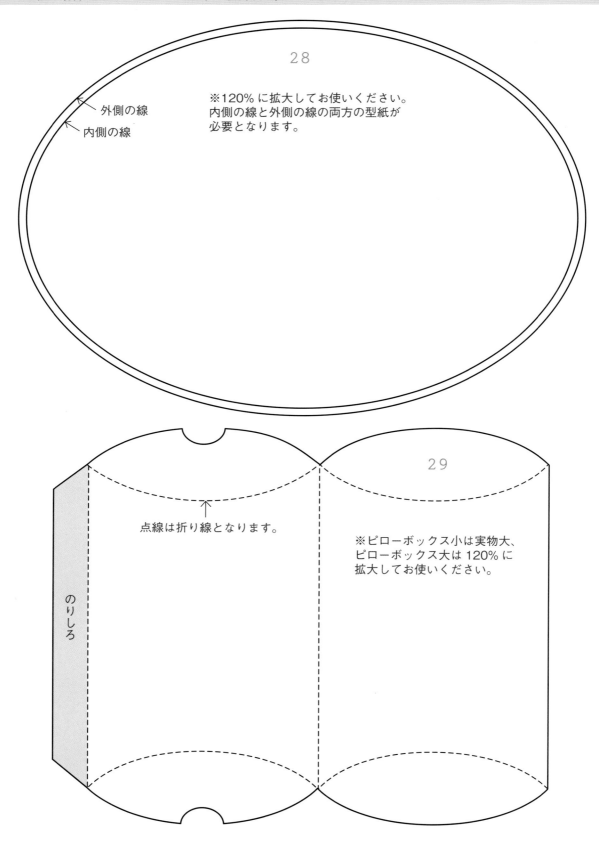

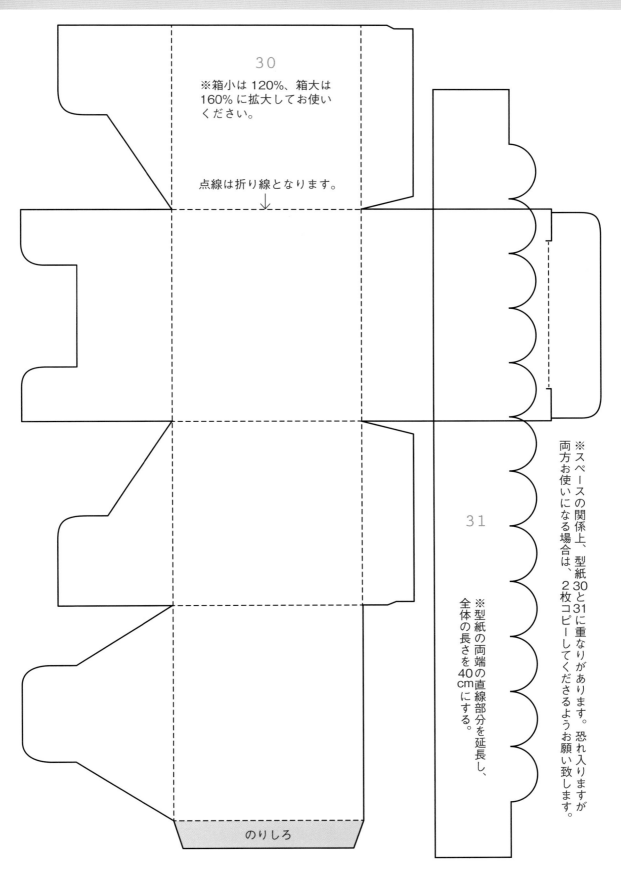

文字プレート用の文字（実物大）コピーしてから線に沿って切り取ってお使いください。

Just for you

JUST FOR YOU

Happy Easter

Happy Mother's Day

Happy Father's Day

Heartful LOVE

S U M M E R

MEMORIES

Get well soon

Halloween

BOO

Trick or Treat

Merry Christmas

Happy Valentine's Day

おじいちゃん
おばあちゃん
いつもありがとう。

Narcissus （水仙）

Camellia （椿）

Peony （牡丹）

ume blossom （梅）

Happy
Wedding

↑スペースの関係上十分な余白がないため、このページをコピーしたあと、この部分を切り取ってから、再度コピーしてご使用ください。

椿
金橘
牡丹
梅
水仙

お父さん ありがとう！

HAPPY HALLOWEEN

※スペースの関係上、参考作品で使用している文字は掲載しておりません。また、コピーは個人的な趣味の範囲でご利用ください。

おわりに

「おとなかわいいお花の切り紙」いかがでしたでしょうか？

この本では、買っただけの既製品にひと手間加える、思い出の色やお品をかわいらしくアレンジする、お花の切り紙を季節や行事の様々なシーンに簡単に取り入れる方法をご紹介してきました。 小さいお子様やシニアの方、年齢性別問わずご家族一緒に日常に取り入れていただけると嬉しく思います。 手作りのものはポンと一つだけお部屋にあるのも、おうちパーティーの一部分に使うのも、作り手のアイディア次第で手軽に活用していただけると思います。

初心者の方は最初に簡単なものから作ってみてください。 最初から本書の作品と全く同じではないかもしれませんが、この世にないたった一つの作品になることでしょう。 また、当協会ではこの本をテキストにした「クラフトワークセラピスト®認定講座」を開講しており、全国各地で認定された方々が〜手作りによる癒しの力〜を子育てに、日常生活に、教育・介護・医療の現場に取り入れて、笑顔あふれる毎日へのヒントを教える立場に成長され活躍をされています。

協会では「ペーパーデコレーション講師認定講座」「クラフトワークセラピスト®認定講座」を主軸として、多彩なペーパークラフトの講座を展開しております。趣味として、またお仕事の現場でこのお花の切り紙を取り入れていただき、あなただけの世界観を広げてスキルアップされてください。 本書が少しでもお役に立てたならこれほどうれしいことはございません。ご質問やお問い合わせは、日本ペーパーアート協会まで連絡してください。そして、ぜひ新しいペーパーアート・ペーパーデコレーションをご一緒に楽しめたらと思います。

最後になりますが、本書出版の機会を作ってくださったケイズパートナーズの山田稔社長、撮影にお力添えをいただいた（株）フォトスタイリングジャパン・フォトスタイリスト窪田千紘様、フォトグラファー南都礼子様、事務局長の原田容子様、また、この本を出版できるまでに協会が成長する機会と経験を積ませてくださった前田出先生、高原真由美様、皆様には心より感謝お礼を申し上げます。多くの方の支援があったからこそ無事に愛する作品たちが本という形で多くの方のお手元に届くこととなりました。本当にありがとうございます。

一般社団法人 日本ペーパーアート協会®
代表理事　くりはら まみ

2013年2月14日協会設立。「手作り工芸作業には素晴らしい癒しの効果・脳活性化力UPがあるということを多くの方に知ってもらい、笑顔あふれる日本にしたい」と同じ気持ちで集まった4人。
くりはら まみ・友近 由紀・前田 京子・岩本 香澄

監修プロフィール

一般社団法人 日本ペーパーアート協会®
代表理事：くりはらまみ

『もっと楽しく、そして元気に』を理念に掲げ、「ペーパーアートの癒しの力を、脳活性化力UPを」と小さな達成感が積み重なると自信にあふれ笑顔になれるヒントをお届けし、「ペーパーデコレーション講師認定講座」「クラフトワークセラピスト®認定講座」を主軸として、技術とメンタル両面から指導できる講師を育成している団体。
起業継続支援の専門的なことも含め、資格取得後は初心者でも安心のバックアップ体制で教室運営のサポート、オリジナルデザイン教材や輸入道具の販売、通信講座・Web講座・スキルアップ講座の運営などがあり、多方面で活動している講師を数多く送り出している。
・ホームページ　http://paper-art.jp

STAFF

撮影	南都礼子（株式会社フォトスタイリングジャパン）
	前田京子
スタイリング	窪田千紘（株式会社フォトスタイリングジャパン）
	くりはらまみ
制作	前田京子　友近由紀　岩本香澄　三浦ともみ
	（今井佳枝　小田村晶子　谷朋子　土居あきよ　前山はるか　水野ますみ
	吉岡綾子　渡瀬敦子）
制作協力	原田容子（株式会社フォトスタイリングジャパン）
	一般社団法人 日本ペーパーアート協会®認定講師
モデル	マイケル（男の子）　いろは（女の子）　サスケ（トイプードル）
材料提供	Little Angel　http://www.little-angel.jp/
	Heartful Memories　http://hmemories.ocnk.net
	印鑑はんこSHOPハンコズ　http://www.rakuten.ne.jp/gold/hankos/
	横浜ディスプレイミュージアム　http://www.displaymuseum.co.jp/
	ペーパーインテリジェンス　http://www.paper-intelligence.com/
カバーデザイン	ME&MIRACO CO.,Ltd
誌面デザイン	宮下晴樹（有限会社ケイズプロダクション）
編集・構成	山田稔（有限会社ケイズプロダクション）

＊読者のみなさまへ
本書の内容に関するお問い合わせは、お手紙かメール（info@TG-NET.co.jp）にて承ります。恐縮ですが、電話でのお問い合わせはご遠慮ください。

おとなかわいい お花の切り紙スタイルブック

平成27年3月 1日　初版第1刷発行
平成27年6月10日　初版第3刷発行

監修者　一般社団法人　日本ペーパーアート協会®
発行人　穂谷竹俊
発行所　株式会社日東書院本社

〒160-0022　東京都新宿区新宿2丁目15番14号　辰巳ビル
TEL：03-5360-7522（代表）
FAX：03-5360-8951（販売部）
URL：http://www.TG-NET.co.jp/

印刷所　三共グラフィック株式会社
製本所　株式会社セイコーバインダリー

本書の無断複写複製（コピー）は、著作権法上での例外を除き、著作者、出版社の権利侵害となります。乱丁・落丁はお取替えいたします。小社販売部までご連絡ください。

©Japan Paperart Association 2015.Printed in japan
ISBN978-4-528-01319-3　C2077